Peter Burke
Was ist Kulturgeschichte?

Aus dem Englischen von
Michael Bischoff

Suhrkamp

Titel der Originalausgabe: What is Cultural History?
erschienen 2004 bei Polity Press. Die Übersetzung erscheint mit freundlicher
Genehmigung von Polity Press Ltd., Cambridge.
© Peter Burke 2004
Bibliografische Information *Der Deutschen Bibliothek*
Die Deutsche Bibliothek verzeichnet diese Publikation
in der Deutschen Nationalbibliografie;
detaillierte bibliografische Daten sind im Internet
über http://dnb.ddb.de abrufbar

Erste Auflage 2005
© der deutschen Ausgabe Suhrkamp Verlag Frankfurt am Main 2005
Alle Rechte vorbehalten, insbesondere das der Übersetzung, des
öffentlichen Vortrags sowie der Übertragung durch Rundfunk und
Fernsehen, auch einzelner Teile.
Kein Teil des Werkes darf in irgendeiner Form (durch Fotografie,
Mikrofilm oder andere Verfahren) ohne schriftliche Genehmigung des
Verlages reproduziert oder unter Verwendung elektronischer Systeme
verarbeitet, vervielfältigt oder verbreitet werden.
Satz und Druck: Memminger MedienCentrum AG
Printed in Germany
ISBN 3-518-58442-1

1 2 3 4 5 6 – 10 09 08 07 06 05

Inhalt

Einleitung

Die Kulturgeschichte, einst das Aschenputtel unter den historischen Fachgebieten und von ihren erfolgreicheren Schwestern verachtet, wurde in den 1970er Jahren wiederentdeckt, wie schon die chronologische Liste kulturhistorischer Publikationen am Ende dieses Buches erkennen läßt. Dieses Revival hält bis heute an, zumindest in der akademischen Welt – im Fernsehen, jedenfalls im britischen, befassen die einschlägigen Sendungen sich weiterhin hauptsächlich mit militärischer und politischer Geschichte und nur in geringerem Umfang mit der Sozialgeschichte. Für jemanden wie mich, der seit gut vierzig Jahren auf diesem Fachgebiet arbeitet, ist das wiedererwachte Interesse äußerst befriedigend. Dennoch verlangt es eine Erklärung.

Dieses Buch soll nicht nur eine Erklärung für diese Wiederentdeckung bieten, sondern auch darlegen, was Kulturgeschichte ist, und mehr noch, was Kulturhistoriker tun, wobei die unterschiedlichen Arten von Kulturgeschichte, die Debatten und Konflikte, aber auch gemeinsame Interessen und Traditionen berücksichtigt werden sollen. Dabei werde ich versuchen, zwei gegensätzliche, aber komplementäre Ansätze miteinander zu verbinden: einen internen Ansatz, dem es um die Lösung der aufeinander folgenden Probleme innerhalb des Fachgebiets geht, und einen von außen kommenden Ansatz, der darlegt, was Historiker für die Zeit tun, in der sie selbst leben.

Der interne Ansatz behandelt das gegenwärtige Revival der Kulturgeschichte als Reaktion auf frühere Ansätze innerhalb der Geschichtswissenschaft, die ein schwer zu fassendes, aber dennoch wichtiges Moment ausgelassen haben. Nach dieser internen Sicht beschäftigt sich der Kulturhistoriker mit solchen Tei-

len der Vergangenheit, die andere Historiker nicht erfassen können. Der Blick auf ganze »Kulturen« bietet ein Gegenmittel gegen die übliche Aufspaltung des Fachgebiets in Teildisziplinen,
die sich zum Beispiel mit der Geschichte der Bevölkerung, der
Diplomatie, der Frauen, der Ideen, der Wirtschaft oder des
Krieges befassen.

Der externe Ansatz oder der Blick von außen hat gleichfalls
etwas zu bieten. Zunächst einmal verknüpft er den Aufstieg der
Kulturgeschichte mit einer umfassenden »Hinwendung zur
Kultur« in Politikwissenschaft, Geographie, Ökonomie, Psychologie, Anthropologie und in den sogenannten *Cultural Studies*. In diesen Fachgebieten hat sich zumindest eine Minderheit
der Wissenschaftler von der Annahme einer unveränderlichen
Rationalität (etwa der Theorie rationaler Entscheidungen bei
Wahlen oder beim Konsum) verabschiedet und interessiert sich
zunehmend für die Werte, an denen einzelne Gruppen sich zu
bestimmten Zeiten an bestimmten Orten orientierten.

Ein Zeichen der Zeit ist die Bekehrung des amerikanischen
Politikwissenschaftlers Samuel P. Huntington zu der Vorstellung, daß kulturelle Unterschiede in der heutigen Welt wichtiger seien als politische oder ökonomische, so daß wir es seit dem
Ende des Kalten Kriegs weniger mit einem internationalen In-
teressenkonflikt zu tun hätten als mit einem *clash of civilizations*.
Ein weiterer Indikator für das geistige Klima ist der internationale Erfolg der *Cultural Studies*. In Rußland etwa wurde die *Kul-
turologija* (wie sie dort genannt wird) zu einem Pflichtfach in
der Hochschulausbildung, das sich in erster Linie mit der russischen Identität befaßt und von ehemaligen Marxismus-Leni-
nismus-Lehrern unterrichtet wird, die sich von einer ökonomischen zu einer kulturellen Interpretation der Geschichte
bekehrt haben.[1]

[1] Samuel P. Huntington, *The Clash of Civilizations and the Remaking of
World Order*, New York 1996; dt.: *Kampf der Kulturen*, München 1996.
Jutta Scherrer, »Kul'turologija«, *Budapest Review of Books* 12 (2003), S. 1-2.

Diese Hinwendung zur Kultur ist selbst Teil der Kulturgeschichte der letzten Generation. Außerhalb der akademischen
Welt ist sie mit einem Wahrnehmungswandel verbunden, der
seinen Ausdruck in immer häufiger zu hörenden Begriffen wie
»Kultur der Armut«, »Kultur der Angst«, »Waffenkultur«,
»Jugendkultur«, »Unternehmenskultur« findet (siehe S. 49),
aber auch in den sogenannten *culture wars* in den USA und in
der in vielen Ländern geführten Debatte über den »Multikul-
turalismus«. Viele sprechen heute bei ganz alltäglichen Gelegenheiten von »Kultur«, bei denen man vor zwanzig oder dreißig
Jahren noch von »Gesellschaft« gesprochen hätte.

Wie die Popularität solche Redewendungen zeigt, läßt sich
immer schwerer angeben, was denn nicht als »Kultur« gilt. Die
Erforschung der Geschichte bildet hier keine Ausnahme. Was
ist Kulturgeschichte? Diese Frage stellte vor mehr als einem
Jahrhundert, nämlich 1897, der deutsche Historiker Karl Lamp-
recht, der sich als Pionier auf diesem Gebiet hervortat, aber in
gewisser Weise auch ein Außenseiter war. Die Frage wartet immer noch auf eine endgültige Antwort. In jüngster Zeit sind
zum Beispiel Kulturgeschichten der Langlebigkeit, des Penis,
des Stacheldrahts und der Masturbation erschienen. Die Grenzen des Gegenstandsbereichs sind ohne Zweifel hinausgescho-
ben worden, aber es wird immer schwieriger, genau anzugeben,
was sich denn innerhalb dieser Grenzen befindet.

Eine Lösung für das Problem einer Definition der Kulturgeschichte könnte darin bestehen, die Aufmerksamkeit weniger
auf den Gegenstand als auf die Forschungsmethoden zu richten.
Doch auch hier finden wir Vielfalt und Streit. Manche Kulturhistoriker arbeiten intuitiv, wie Jacob Burckhardt es einst von
sich behauptete. Einige wenige bemühen sich um den Einsatz
quantitativer Methoden. Manche beschreiben ihre Arbeit als
Suche nach Bedeutungen, andere stellen Praxis- und Darstel-
lungsformen in den Mittelpunkt. Manche sehen ihre Aufgabe
eher in der Beschreibung, andere glauben, die Kulturgeschichte

könne und solle wie die politische Geschichte als erzählte Geschichte dargestellt werden.

Als gemeinsame Grundlage der Kulturhistoriker könnte man das Interesse für das Symbolische und dessen Deutung bezeichnen. Symbole bewußter oder unbewußter Art lassen sich überall finden, von der Kunst bis ins Alltagsleben hinein, doch ein an Symbolen orientierte Ansatz zur Erforschung der Vergangenheit ist nur einer unter diversen anderen. Eine Kulturgeschichte der Hose würde sich von einer Wirtschaftsgeschichte desselben Kleidungsstücks ebenso unterscheiden wie eine Kulturgeschichte des Parlaments von einer politischen Geschichte dieser Institution.

Angesichts dieser Verwirrung (wie jene sagen, denen diese Situation mißfällt) oder angesichts dieses Dialogs (aus Sicht derer, die das aufregend finden) wäre es vielleicht am klügsten, Jean-Paul Sartres Ausspruch über die Menschheit abzuwandeln und zu sagen, es gebe zwar kein Wesen der Kulturgeschichte, aber sie habe dennoch ihre eigene Geschichte. Die Tätigkeit des Lesens und Schreibens über die Vergangenheit ist ebenso zeitgebunden wie alle anderen Tätigkeiten. Deshalb werde ich in diesem Buch gelegentlich die Kulturgeschichte der Kulturgeschichte kommentieren und sie als Beispiel für eine kulturelle Tradition anführen, die sich in beständiger Veränderung befindet und sich immer wieder an neue Umstände anpaßt.

Um es etwas genauer zu sagen, das Werk einzelner Kulturhistoriker muß in den Rahmen verschiedener kultureller Traditionen gestellt werden, die meist national definiert sind. Die Bedeutung der deutschen Tradition ab dem Ende des 18. Jahrhunderts wird auf den kommenden Seiten noch deutlich werden, auch wenn es zukünftigen Kulturhistorikern vorbehalten bleibt, der Frage nachzugehen, warum die deutschen Beiträge zu dieser Art von Geschichte in den letzten fünfzig Jahren vergleichsweise unbedeutend geblieben sind. Die holländische Tradition kann als Nebenzweig der deutschen gelten, der allerdings weiterhin blüht. In der englischsprachigen Welt besteht ein deutlicher Gegensatz zwischen der nordamerikanischen Tradition eines Interesses an der Kulturgeschichte und der englischen Tradition des Widerstands dagegen. So bezeichneten englische Anthropologen sich eine Zeitlang als »Sozialanthropologen«, während ihre amerikanischen Kollegen die Bezeichnung »Kulturanthropologen« vorzogen. Im Bereich der Kulturgeschichte griffen vor allem Amerikaner – in erster Linie Nachfahren deutscher Einwanderer, von Peter Gay bis Carl Schorske – die deutsche Tradition auf- oder übernahmen und veränderten sie. Zwischen dem amerikanischen Interesse an Kultur und der Einwanderungstradition besteht offensichtlich ein enger Zusammenhang. Wenn das zutrifft, sollte die Kulturgeschichte in Großbritannien eine große Zukunft haben.

Die französische Tradition unterscheidet sich von den übrigen unter anderem dadurch, daß sie – wenigstens bis vor kurzem – den Ausdruck »Kultur« mied und statt dessen lieber von *civilisation, mentalités collectives* und *imaginaire social* sprach. Die mit der Zeitschrift *Annales* verbundenen Historiker haben über drei oder vier Generationen eine Reihe bemerkenswerter Beiträge zu diesem Gebiet geleistet: zur Geschichte der Mentalitäten, Empfindungen oder »kollektiven Darstellungen« im Zeitalter von Marc Bloch und Lucien Febvre; zur Geschichte der materiellen Kultur (*civilisation matérielle*) im Zeitalter Fernand Braudels; und nochmals zur Geschichte der Mentalitäten und zur sozialen Vorstellungswelt in der Zeit Jacques Le Goffs, Emmanuel Le Roy Laduries und Alain Corbins. Die über drei oder vier Generationen anhaltende Kreativität einer Historikerschule ist so bemerkenswert, daß sie einer historischen Erklärung bedarf. Ich vermute, die führenden Persönlichkeiten waren charismatisch genug, um begabte Nachfolger anzuziehen, aber auch offen genug, um ihnen ihre eigenen Entwicklungsmöglichkeiten zu lassen. Verbunden war diese herausragende Tradition mit einem, wie man sagen könnte, »Widerstand« gegen den deutschen Stil der Kulturgeschichte (auch wenn Febvres Begeisterung für Johan Huizinga nicht unerwähnt bleiben darf). Dieser Widerstand scheint nun in dem Augenblick zusammenzubrechen, da die französische Tradition der Geschichtsschreibung etwas von ihrem herausragenden Charakter verliert.

Wie es häufig in der Kulturgeschichte geschieht, werden wir auf den folgenden Seiten sehen, daß Entwicklungen oder Trends oft nicht deshalb abrupt enden, weil ihr Potential erschöpft wäre, sondern weil sie von Konkurrenten verdrängt werden. Diese Konkurrenten oder »Kinder«, wie wir sie nennen könnten, übertreiben gern den Unterschied zwischen ihrem eigenen Ansatz und dem ihrer Väter und Mütter, so daß oft erst die nachfolgende Generation erkennt, daß ihre intellektuellen Großeltern letztlich doch zu gewissen Erkenntnissen fähig waren.

Als Kulturhistoriker, der vierzig Jahre lang einige der auf den folgenden Seiten besprochenen Ansätze praktiziert hat, von der Sozialgeschichte der Hoch- und der Volkskultur und der historischen Anthropologie bis hin zur Geschichte der *Performance*, möchte ich gerne mit Edith Piaf sagen: »*Je ne regrette rien.*« Und ich glaube, daß all diese Ansätze auch weiterhin Früchte tragen werden.

In den folgenden Kapiteln werde ich mich in chronologischer Reihenfolge mit einigen der wichtigsten Möglichkeiten befassen, wie man Kulturgeschichte in der Vergangenheit geschrieben hat, heute schreibt und in Zukunft schreiben könnte, schreiben wird oder schreiben sollte. Bei der Diskussion konkreter Beispiele habe ich mich, soweit meine Teilwissen aus diesem fragmentierten Gebiet es zuließ, um ein gewisses Gleichgewicht bemüht zwischen den geschichtlichen Perioden, verschiedenen Weltteilen und den Hervorbringungen aus verschiedenen Fachbereichen wie Kunst, Architektur, Geographie, Literatur, Musik, Naturwissenschaften und allgemeiner Geschichte.

Diese Entscheidung hat natürlich einen Preis: Ich mußte einen großen Teil der Arbeiten über den Bereich der frühen Neuzeit unberücksichtigt lassen, darunter auch viele, die von Freunden und Kollegen stammen. Darum sei hier ein für allemal gesagt, daß es sich im folgenden um eine durch Beispiele illustrierte Untersuchung von Trends handelt und nicht um einen Versuch, die besten Werke der letzten Generation aufzulisten und zu besprechen.

Erstes Kapitel
Die Große Tradition

Die Kulturgeschichte ist keine neue Entdeckung oder Erfindung. Sie wurde unter dieser Bezeichnung schon vor mehr als zweihundert Jahren in Deutschland betrieben. Und schon davor gab es gesonderte Geschichten der Philosophie, der Malerei, der Literatur, der Chemie, der Sprache und so weiter. Ab etwa 1780 finden wir Geschichten der menschlichen Kultur oder der Kulturen einzelner Regionen oder Länder.[1]

Im 19. Jahrhundert fand der Ausdruck *Culture* bzw. »Kultur« immer häufiger Anwendung in Großbritannien und in Deutschland (während die Franzosen lieber von *civilisation* sprachen). So veröffentlichte der Dichter Matthew Arnold 1869 sein *Culture and Anarchy* und der Anthropologe Edward Taylor 1871 sein *Primitive Culture*, während im Deutschland der 1870er Jahre ein heftiger Streit zwischen Kirche und Staat entbrannte, der unter der Bezeichnung »Kulturkampf« in die Geschichte einging. Im englischen Sprachraum bezeichnen wir solche Konflikte heute als *culture wars*.[2]

In einem kurzen Kapitel wie diesem kann ich die Geschichte der Kulturgeschichte nur knapp umreißen und einige Hauptstränge aufgreifen, um deren Verflechtung aufzuzeigen. Die Ge-

---

1 Peter Burke »Reflections on the Origins of Cultural History« (1991), Wiederabdruck in ders., *Varieties of Cultural History*, Cambridge 1997; dt.: »Ursprünge der Kulturgeschichte«, in ders., *Eleganz und Haltung*, Berlin 1998. Don Kelly, »The Old Cultural History«, *History and the Human Sciences*, S. 101-126.

2 Die klassische Darstellung des englischen Teils der Geschichte ist immer noch Raymond Williams, *Culture and Society*, London 1958; dt.: *Gesellschaftstheorie als Begriffsgeschichte*, München 1972. Zum Kulturkampf (den Begriff prägte Rudolf Virchow, der sich schon früh mit Anthropologie befaßte) siehe Christopher Clark und Wolfram Kaiser (Hg.), *Culture Wars: Secular-Catholic Conflict in Nineteenth-Century Europe*, Cambridge 2003.

schichte läßt sich in vier Phasen unterteilen: die »klassische«
Phase; die einer »Sozialgeschichte der Kunst«, die um 1930 begann; die Entdeckung einer Geschichte der Volks- oder Populärkultur in den 1960er Jahren; und die Phase der »Neuen Kulturgeschichte«, die wir in späteren Kapiteln erörtern wollen.
Wir dürfen jedoch nicht vergessen, daß die Grenzen zwischen
diesen Phasen den Menschen in den Übergangszeiten nicht so
klar waren, wie sie danach erkennbar wurden, und ich werde bei
entsprechender Gelegenheit außerdem auf eine Reihe von
Übereinstimmungen und Kontinuitäten zwischen den älteren
und neueren Stilen in der Kulturgeschichte hinweisen.

Die klassische Kulturgeschichte

Porträts einer Zeit
Das Zeitalter der sogenannten »klassischen« Kulturgeschichte
währte von 1800 bis 1950. In Anlehnung an den von dem englischen Literaturkritiker F. R. Lewis für den Roman geprägten Begriff der *Great Tradition* könnten wir von einer »Großen Tradition« sprechen. Zu dieser Tradition gehörten die erstmals 1860
erschienene *Kultur der Renaissance in Italien* des Schweizer Historikers Jacob Burckhardt und der *Herbst des Mittelalters* des
holländischen Historikers Johan Huizinga (1919), zwei Bücher,
deren Lektüre sich heute noch lohnt. Unausgesprochen enthal-
ten diese Werke den Gedanken, der Historiker male gleichsam
das »Porträt einer Zeit«, wie es im Untertitel eines dritten Klassi-
kers heißt, nämlich G. M. Youngs *Victorian England* aus dem
Jahr 1936.
    Als »klassisch« könnte man diese Phase auch im Sinne der
Zeit nennen, denn die Kulturhistoriker konzentrierten sich auf
die Geschichte der Klassiker, auf einen »Kanon« von Meister-
werken der Kunst, der Literatur, der Philosophie usw. Burckhardt und Huizinga waren beide Amateurkünstler und Kunst-

kenner. Sie begannen die Arbeit an ihren Büchern, um bestimmte Werke zu verstehen, indem sie diese in ihren historischen Kontext stellten. Bei Huizinga waren es die Gemälde der Brüder van Eyck, bei Burckhardt die von Raffael.[3]

Der Unterschied zwischen diesen Forschern und den Fachhistorikern für Kunst oder Literatur lag darin, daß die Kulturhistoriker sich vor allem mit den Verbindungen zwischen den verschiedenen Künsten befaßten wie auch mit dem Zusammenhang zwischen diesen Verbindungen und dem von Hegel und anderen Philosophen so genannten »Zeitgeist«.

So sagten manche deutsche Historiker damals von sich, sie betrieben »Geistesgeschichte« – ein Ausdruck, der im Englischen oft mit *history of spirit* oder *history of mind* übersetzt wurde, aber durchaus auch mit *history of culture* wiedergegeben werden könnte. Denn deren Vertreter »lasen« bestimmte Gemälde, Gedichte usw. als Zeugnisse der Kultur und der Zeit, in denen sie entstanden waren. Damit erweiterten sie die Idee der Hermeneutik, der Kunst der Deutung. Der Ausdruck »Hermeneutik« bezeichnete ursprünglich die Deutung von Texten, insbesondere der Bibel, wurde im 19. Jahrhundert aber auch auf die Interpretation von Artefakten und Handlungen ausgedehnt.

Es ist sicher kein Zufall, daß die größten Kulturhistoriker der Zeit, Jacob Burckhardt und Johan Huizinga, zwar Hochschullehrer waren, ihre Bücher aber vorrangig für ein breiteres Publikum schrieben. Und es ist auch kein Zufall, daß die Kulturgeschichte im deutschsprachigen Raum vor der Einigung Deutschlands entstand, als die Nation noch keine politische Einheit, sondern lediglich eine kulturelle Gemeinschaft bildete. So kann es auch kaum verwundern, daß politische Geschichte und Kulturgeschichte dort als Alternativen oder sogar als Gegensätze empfunden wurden. In Preußen behielt jedoch die politische Geschichte die Oberhand. Die Anhänger Leopold von

---

3 Francis Haskell, *History and Its Images*, New Haven 1993; dt.: *Die Geschichte und ihre Bilder*, München 1995, S. 354-371, 458-524.

Rankes taten die Kulturgeschichte als Randerscheinung oder als Liebhaberei ab, da sie sich nicht auf offizielle Dokumente aus Archiven stützte und keinen Beitrag zum Aufbau des Staates leistete.[4]

In seiner wissenschaftlichen Arbeit deckte Burckhardt ein breites Spektrum ab, von der griechischen Antike über die frühchristlichen Jahrhunderte und die italienische Renaissance bis hin zur Welt des flämischen Malers Peter Paul Rubens. Er legte relativ wenig Gewicht auf die Ereignisgeschichte, sondern ließ lieber die Kultur vergangener Zeiten wiederaufleben und betonte dabei, wie er selbst sagte, die wiederkehrenden, bleibenden und typischen Elemente. Seine Arbeitsweise war intuitiv. Er tauchte in die Kunst und Literatur der jeweiligen Zeit ein und suchte nach Generalisierungen, die er dann in seiner lebendigen Prosa mit Beispielen, Anekdoten und Zitaten illustrierte.

So beschrieb er in seinem berühmtesten Buch den Individualismus, das Konkurrenzdenken, das Selbstbewußtsein und die Modernität in Kunst, Literatur, Philosophie und sogar Politik der italienischen Renaissance. In seiner posthum erschienenen *Kulturgeschichte Griechenlands* griff er dieses Thema wieder auf und fragte nach der Stellung des Wettkampfes (*agon*) im Leben des antiken Griechenland, im Krieg, in der Politik, in der Musik und bei den Wagenrennen oder den Olympischen Spielen. Während er in seinem früheren Buch die Entwicklung des Individuums in den Vordergrund gestellt hatte, betonte er in dem späteren Werk die Spannung zwischen dem »unverbesserlichen Individualismus« wie auch der Ruhmsucht und der Forderung, daß der Einzelne sich seiner Stadt unterordne.

Auch bei Huizinga findet sich ein breites Spektrum, das vom alten Indien bis zum Abendland reichte, vom Frankreich des 12. Jahrhunderts bis zur holländischen Kultur des 17. Jahrhunderts und der amerikanischen Kultur seiner Zeit. Er kritisierte

4 Lionel Gossman, *Basel in the Age of Burckhardt*, Chicago 2000, S. 226, 254.

Burckhardts Interpretation der Renaissance – weil er sie für seine Vorstellungen zu scharf gegen das Mittelalter abgrenzte – und war doch ein Anhänger seiner Methode. In einem 1915 erschienen Aufsatz diskutierte er eine Reihe von Idealbildern des Lebens, zum Beispiel Vorstellungen von einem Goldenen Zeitalter und den Kult des Rittertums oder der Antike, die von der Renaissance bis zur Französischen Revolution so große Anziehungskraft auf die europäischen Eliten ausübten.

In einem anderen Aufsatz, der 1929 erschien, erklärte Huizinga, die Hauptaufgabe des Kulturhistorikers sei die Beschreibung kultureller Muster. Er müsse die charakteristischen Gedanken und Gefühle einer Zeit sowie deren Ausdruck und Verkörperung in Kunst und Literatur herausarbeiten. Der Historiker entdecke diese kulturellen Muster, indem er »Themen«, »Symbole«, »Gefühle« und »Formen« untersuche. Formen, also kulturelle Regeln, waren ihm in seinem persönlichen Leben ebenso wichtig wie in seinem Werk, und so meinte er, der Grund, weshalb er die amerikanische Literatur nicht recht schätzen konnte, liege in deren »mangelndem Sinn für Form«.[5]

In *Herbst des Mittelalters* setzte Huizinga die in seinen programmatischen Aufsätzen gemachten Empfehlungen in die Praxis um. Das Buch befaßt sich mit Lebensidealen wie dem Rittertum. Es befaßt sich mit Themen wie dem Gefühl des Niedergangs, mit der Stellung des Symbols in Kunst und Denken des Spätmittelalters und mit Gefühlen wie der Angst vor dem Tod. Und es weist Formen oder Verhaltensstandards besondere Bedeutung zu. Nach Huizinga benötigte die »allgemeine Leidenschaftlichkeit, die überall das Leben durchglühte«, einen Rahmen aus Formen und Regeln. Wie die Frömmigkeit, so wurden auch Liebe und Krieg ritualisiert, ästhetisiert und bestimmten Regeln unterworfen. »Jede Begebenheit, jede Tat war

5 Johan Huizinga, »The Task of Cultural History«, in ders., *Men and Ideas*, New York 1952, S. 77-96, 17-76; ders., *America*, New York 1972, S. 192 (entstanden 1918).

umringt von geprägten und ausdrucksvollen Formen, war eingestellt auf die Erhabenheit eines strengen, festen Lebensstils.«

Man könnte sagen, Huizingas kulturhistorischer Ansatz sei im wesentlichen morphologischen Charakters gewesen. Er fragte nach dem Stil ganzer Kulturen wie auch nach dem Stil einzelner Gemälde oder Gedichte.

Dieses Programm für eine Kulturgeschichte war keineswegs so abstrakt, wie es in dieser Zusammenfassung erscheinen mag. »Welches Bild können wir uns von einer Zeit machen«, schrieb Huizinga einmal, »wenn wir darin keine Menschen sehen? Wenn wir nur eine allgemeine Darstellung geben, schaffen wir nur eine Wüste, die wir dann Geschichte nennen.« Tatsächlich finden sich in seinem *Herbst des Mittelalters* zahlreiche individuelle Persönlichkeiten, von dem pikaresken Dichter François Villon bis hin zu dem Mystiker Heinrich Suso, von dem volkstümlichen Prediger Olivier Maillard bis hin zu dem Hofchronisten Georges Chastellain. Seine Prosa ist einfühlsam und offen für Klänge wie Glockengeläut oder Trommelschläge und für visuelle Bilder. Das Buch ist ein Meisterwerk im Stil des Fin de siècle und ein Klassiker der Geschichtsschreibung.

Von der Soziologie zur Kunstgeschichte

Einige der wichtigsten Beiträge zur Kulturgeschichte dieser Zeit vor allem in Deutschland stammen von Gelehrten, die außerhalb der akademischen Geschichtswissenschaft standen. Der Soziologe Max Weber veröffentlichte ein berühmtes Werk mit dem Titel *Die protestantische Ethik und der Geist des Kapitalismus* (1904), in dem er die kulturellen Grundlagen des »in Westeuropa und Amerika herrschenden Wirtschaftssystems« analysierte. Webers Arbeit hätte ebensogut den Titel »Der Kapitalismus und die Kultur des Protestantismus« oder »Der Protestantismus und die Kultur des Kapitalismus« tragen können.

Auf der Suche nach einer kulturellen Erklärung für den wirtschaftlichen Wandel betonte Weber die Rolle des protestanti-

schen Ethos oder Wertesystems, insbesondere der Idee einer
»Berufung«, für die Akkumulation des Kapitals und den gewal-
tigen Aufschwung des Handels und der Industrie. In einer anderen Studie meinte Weber, der Konfuzianismus sei ebenso wie
der Katholizismus dem Kapitalismus feindlich gesonnen (er
wäre überrascht gewesen, wenn er den wirtschaftlichen Aufstieg
der »Tigerstaaten« erlebt hätte).

In der folgenden Generation schrieb ein anderer deutscher
Soziologe, Norbert Elias, der in manchen Aspekten an Weber
anknüpfte, ein Buch mit dem Titel *Über den Prozeß der Zivilisation* (1939), das im wesentlichen eine Kulturgeschichte darstellt.
Er stützte sich auch auf Freuds *Das Unbehagen in der Kultur*
(1930), in dem die These vertreten wird, die Kultur verlange
vom Einzelnen Opfer im Bereich der Sexualität und auf dem
Gebiet der Aggression.

Im Anschluß an Huizingas Erforschung der »allgemeinen
Leidenschaftlichkeit, die überall das Leben durchglühte«, konzentrierte Elias sich auf die Geschichte der Tischsitten, um aufzuzeigen, wie Selbstkontrolle oder die Kontrolle der eigenen
Gefühle sich zwischen dem 15. und dem 18. Jahrhundert in der
höfischen Gesellschaft Westeuropas schrittweise entwickelte,
wobei er einen Zusammenhang zwischen dem »sozialen Zwang
nach Selbstzwang« und der Zentralisierung des Staates sowie
der Zähmung oder Domestizierung des Kriegeradels herstellte.

Elias erklärte, er schreibe eher über »Zivilisation« als über
Kultur, eher über die »Oberfläche der menschlichen Existenz«
als über deren Tiefenstruktur, eher über die Geschichte der Gabel und des Taschentuchs als über die des menschlichen Geistes.
Dennoch leistete er damit einen beachtlichen Beitrag zur Erforschung der »Kultur der Selbstkontrolle«, wie wir heute sagen
würden.

Zu den originellsten und letztlich wohl einflußreichsten Gestalten in der Kulturgeschichte deutscher Ausprägung gehörte
Aby Warburg, ein Bankierssohn, der keine akademische Lauf-

bahn einschlug, sondern von seinem Privatvermögen lebte. Er hatte zugunsten eines jüngeren Bruders auf sein Erbe verzichtet, allerdings gegen Zahlung eine Apanage, die es ihm ermöglichen sollte, alle Bücher zu kaufen, die er brauchte. Und wie sich zeigte, brauchte er sehr viele Bücher, da seine umfangreichen Interessen von der Philosophie über die Psychologie bis hin zur Anthropologie und von der Kulturgeschichte der griechischen Antike bis hin zu der des 17. Jahrhunderts reichten. Sein großes Ziel war es, einen Beitrag zu einer allgemeinen Kulturwissenschaft zu leisten und dabei nicht auf die »Grenzpolizei« an den Grenzen zwischen den Fachgebieten zu achten.

Warburg war ein großer Bewunderer Burckhardts und seiner »unfehlbaren intuitiven Verallgemeinerungen«, doch sein eigenes Werk war reicher und zugleich fragmentarischer. Da er der Überzeugung war, daß »Gott im Detail steckt«, schrieb er lieber Aufsätze über einzelne Aspekte der italienischen Renaissance, statt sich, wie er sagte, dem »großen Ziel einer Synthese der Kulturgeschichte« zu verschreiben.[6] In besonderem Maße interessierte Warburg sich für die klassische Tradition und deren langfristige Wandlungen. Dabei konzentrierte er sich auf kulturelle Formeln oder Wahrnehmungsschemata, zum Beispiel auf Gesten, die bestimmte Gefühle zum Ausdruck brachten, oder auf die Art und Weise, wie Dichter und Maler den Wind darstellten, der mit dem Haar eines Mädchens spielt.

Die Idee des Schemas hat sich für Kulturhistoriker und andere als äußerst anregend erwiesen. Psychologen behaupten, ohne Schemata sei es gar nicht möglich, etwas wahrzunehmen oder im Gedächtnis zu behalten. Manche Philosophen sind derselben Ansicht. So meinte Karl Popper, daß es unmöglich sei, die Natur sinnvoll zu beobachten, wenn man keine Hypothese besitzt, die man überprüfen möchte, also ein Auswahlkriterium,

6 Siehe z. B. Aby Warburg, *Die Erneuerung der heidnischen Antike. Kulturwissenschaftliche Beiträge zur Geschichte der europäischen Renaissance*, Leipzig 1932.

das dem Beobachter erst die Möglichkeit bietet, ein Muster zu erkennen, statt nur ein wirres Bild zu sehen. Und ganz ähnlich behauptete auch Hans-Georg Gadamer, die Interpretation eines Textes setze ein »Vorurteil«, also ein vorgängiges Urteil voraus.

Auch Literaturwissenschaftler haben sich in diese Richtung bewegt. In seinem Buch *Europäische Literatur und lateinisches Mittelalter* (1948), das dem Gedächtnis Warburgs gewidmet ist, demonstrierte Ernst-Robert Curtius die fortdauernde Bedeutung rhetorischer Topoi oder Gemeinplätze wie der Ideallandschaft, der verkehrten Welt oder der Metapher vom »Buch der Natur«. William Tindalls Studie über John Bunyan (von der im fünften Kapitel noch die Rede sein wird) ist eine weiteres Beispiel für eine Textforschung, die sich auf Schemata konzentriert.

Ihre voll entfaltete Form erreichte die Idee des kulturellen Schemas jedoch erst bei Ernst Gombrich, der nicht nur Warburgs intellektuelle Biographie schrieb, sondern sich auch auf die Ergebnisse der experimentellen Psychologie und auf Poppers Philosophie stützte. In seinem Buch *Art and Illusion* (1960 – *Kunst und Illusion*) stand das Verhältnis zwischen »Wahrheit und Klischee«, »Formel und Erfahrung« bzw. »Schema und Korrektur« im Mittelpunkt. So beschrieb er den Aufstieg des Naturalismus in der antiken griechischen Kunst als eine »allmähliche Akkumulation von auf Naturbeobachtung beruhenden Korrekturen«.

Kulturelle Innovationen sind oft eher das Werk kleiner Gruppen als einzelner Persönlichkeiten. Aby Warburgs Bedeutung liegt nicht allein in seinen brillanten Aufsätzen, sondern auch in seiner zentralen Stellung innerhalb einer Gruppe von Geisteswissenschaftlern, die sich regelmäßig in seiner Hamburger Bibliothek, der Keimzelle des späteren Warburg-Instituts, trafen. Zu diesen Wissenschaftlern, die das Interessen an der Geschichte der Symbole und an der klassischen Tradition einte, gehörten der Philosoph Ernst Cassierer, Autor der *Philosophie der symbolischen Formen* (1923-1929), und die Kunsthistoriker Fritz Saxl, Edgar Wind und Erwin Panofsky.

Panofsky zum Beispiel schrieb einen klassischen Aufsatz über die Deutung von Bildern, eine visuelle Hermeneutik, in der er zwischen der »Ikonographie« (der Deutung des Sujets eines Abendmahls zum Beispiel) und der umfassenderen Ikonologie unterschied, der es darum geht, das »in einem Bild kondensierte« Weltbild einer Kultur oder sozialen Gruppe zu entdecken.[7] Ein weiteres berühmtes Beispiel für den ikonologischen Ansatz ist der provokative Vortrag »Gothic Architecture and Scholasticism« (1951 – »Gotische Architektur und Scholastik«). Wegen der expliziten und selbstbewußten Konzentration auf mögliche Beziehungen zwischen verschiedenen Bereichen der Kultur kann dieser Vortrag als exemplarisch gelten.

Panofsky begann mit der Feststellung, die gotische Architektur und die mit Thomas von Aquin verbundene scholastische Philosophie seien in derselben Zeit, dem 12. und 13. Jahrhundert, und am selben Ort, nämlich in Paris und der näheren Umgebung, entstanden. Beide Bewegungen hätten sich parallel zueinander entwickelt. Doch in seinem Vortrag ging es Panofsky nicht lediglich um den Nachweis einer parallelen Entwicklung zwischen Architektur und Philosophie. Er wollte zeigen, daß es eine direkte Verbindung zwischen beiden Entwicklungen gab.

Diese Verbindung suchte er nicht im »Geist der Zeit«, sondern in der Übernahme gewisser »Denkgewohnheiten« aus der Philosophie in die Architektur, in diesem Fall einer Reihe von Vorstellungen hinsichtlich der Notwendigkeit einer klaren Gliederung und der Versöhnungen von Widersprüchen. Da ihm klar war, daß man ihm vorwerfen können, er ergehe sich lediglich in Spekulationen – und dieser Vorwurf wurde später tat-

---

7 Der ursprünglich 1932 in deutsch erschienene Aufsatz findet sich in der später überarbeiteten Form heute in Erwin Panofsky, *Meaning in the Visual Arts*, New York 1957; dt.: »Ikonographie und Ikonologie. Eine Einführung in die Kunst der Renaissance«, in ders., *Sinn und Deutung in der bildenden Kunst*, Köln 1975, S. 36-67.

sächlich erhoben –, verwies er zum Beweis auf einen Vermerk in einem Skizzenbuch der Zeit, in dem von einer *disputatio* zwischen zwei Architekten die Rede ist. Daraus könne man ersehen, daß zumindest einige französische Architekten des 13. Jahrhunderts streng scholastisch gedacht und gehandelt hätten.

Die große Diaspora

Als Panofsky seinen Vortrag über gotische Architektur und Scholastik hielt, lebte er bereits mehrere Jahre in den USA. Bei Hitlers Machtergreifung war Aby Warburg bereits tot, doch die übrigen mit seinem Institut verbundenen Wissenschaftler flohen ins Ausland. Da dem Institut Gefahr drohte, weil sein Gründer Jude gewesen war, wurde es nach London verlegt oder »übersetzt«, wie man auch sagen könnte. Gleichfalls nach London gingen Saxl und Wind, während Cassirer, Panofsky und Ernst Kantorowicz, der sich ebenfalls mit der Geschichte der Symbole befaßte, schließlich in den USA landeten. Für die beiden Gastländer, die Kulturgeschichte im allgemeinen und die Kunstgeschichte im besonderen sollte sich dieser Umzug als höchst folgenreich erweisen. Die Episode gehört zur Geschichte jener großen Diaspora mitteleuropäischer, meist jüdischer Denker und Künstler der 1930er Jahre, zu denen neben Naturwissenschaftlern, Schriftstellern und Musikern auch Geisteswissenschaftler gehörten.[8] Zugleich illustriert sie ein Lieblingsthema des Warburgkreises, die Weitergabe und Veränderung kultureller Traditionen.

In den Vereinigten Staaten des frühen 20. Jahrhunderts war der Schlüsselbegriff eher *civilization* als »Kultur«, wie in Charles und Mary Beards *The Rise of American Civilization* (1927). Auf Drängen einer als *New History* bezeichneten Bewegung, in der die Beards und andere radikale Historiker sich engagierten, führte man an den Universitäten sogenannte *Civilization*-Kurse

8 Daniel Snowman, *The Hitler Emigrés: The Cultural Impact on Britain of Refugees from Nazism*, London 2002.

ein. So gab es am Columbia College in den 1920er Jahren für Studienanfänger einen Pflichtkurs *Contemporary Civilization*. Mitte des Jahrhunderts verlangten viele amerikanische Universitäten den Besuch von Kursen zur *Western Civ*, wobei es sich meist um eine kurze Geschichte der westlichen Welt von der griechischen Antike bis in die Gegenwart, also gleichsam »*from Plato to NATO*«, handelte.[9]

Im Bereich der Forschung war dagegen eine andere amerikanische Tradition stärker oder jedenfalls sichtbarer als die Kulturgeschichte, nämlich die sogenannte Ideengeschichte (*History of Ideas*). Beispiele dafür waren Perry Millers *The New England Mind* (1939) und der Kreis um Arthur Lovejoy an der Johns Hopkins University, in dessen Mittelpunkt das 1940 gegründete *Journal of the History of Ideas* stand, ein interdisziplinäres Projekt, das Philosophie, Literatur und Geschichte miteinander verbinden sollte.

In Großbritannien erschienen in den 1930er Jahren einige geistes- und kulturgeschichtliche Arbeiten, die meist außerhalb der geschichtswissenschaftlichen Fakultäten entstanden. Zu den wichtigsten Beiträgen dieser Art gehörte: *The Seventeenth-Century Background. Studies in the Thought of the Age* (1934), von dem Anglistikprofessor Basil Willey, der mit seiner Arbeit den »Hintergrund« der Literatur aufzeigen wollte; *The Elizabethan World Picture* (1943) von E. M. W. Tillyard, auch dies ein Beitrag aus der Anglistikfakultät der Universität Cambridge; und G. M. Youngs *Victorian England* (1936), das Werk eines begabten Amateurs.

Die wichtigsten Ausnahmen von einer solchen Betonung des ideengeschichtlichen Ansatzes waren: *The Making of Europe* (1932 – *Die Gestaltung des Abendlandes*), das Christopher Daw-

9 Gilbert Allardyce, »The Rise and Fall of the Western Civilization Course«, *American Historical Review* 87 (1982), S. 695-725; Daniel A. Segal, »»Western Civ‹ and the Staging of History in American Higher Education«, *American Historical Review* 105 (2000), S. 770-805.

son zu einer Zeit verfaßte, als er »Lecturer in the History of Culture« an der University of Exeter war; Arnold Toynbees vielbändige *Study of History* (1934-1961 – *Der Gang der Weltgeschichte*), das sich mit 21 verschiedenen »Zivilisationen« befaßt und vom Direktor des Royal Institute of International Affairs geschrieben wurde; und die monumentale Studie *Science and Civilization in China* (*Wissenschaft und Zivilisation in China*), die der Autor, der Biochemiker Joseph Needham, in den 1930er Jahren konzipierte, auch wenn der erste Band erst 1954 erschien. Es ist schon bemerkenswert, daß eine der wenigen kulturgeschichtlichen Arbeiten, die Mitte des 20. Jahrhunderts in Großbritannien erschienen, von einem Naturwissenschaftler stammt.

Wie in den Vereinigten Staaten, so war auch in Großbritannien die große Diaspora von erheblicher Bedeutung für den Aufstieg der Kulturgeschichte, aber auch für die Kunstgeschichte, die Soziologie und bestimmte Formen philosophischen Denkens. Als Beispiel für die Wirkung dieser Begegnung könnte man die sehr englische Geisteswissenschaftlerin Frances Yates zitieren, die ursprünglich eine Shakespeare-Expertin war. Eine Begegnung auf einer Dinner-Party Ende der 1930er Jahre veranlaßte sie, dem Warburgkreis beizutreten, zu einem Zeitpunkt, als »gerade sehr anregende Wissenschaftler und eine sehr anregende Bibliothek aus Deutschland eingetroffen waren«, wie sie später erklärte. Dort wurde Yates »in die Warburgsche Technik der Nutzung von Bildquellen als historische Quellen eingeführt«. Ihr Interesse an der Erforschung okkulter Strömungen wie Neuplatonismus, Magie und Kabbala war gleichfalls eine Folge dieser Begegnung.[10]

Zur Diaspora gehörte auch eine Gruppe von Marxisten, die

---

10 Zu Frances Yates' wichtigsten Büchern gehören: *Giordano Bruno and the Hermetic Tradition*, London 1964; dt.: Giordano Bruno in der englischen Renaissance, Berlin 1989. Dies., *Astrea: the Imperial Theme in the Sixteenth Century*, London 1975.

sich mit dem Verhältnis zwischen Kultur und Gesellschaft befaßten.

Kultur und Gesellschaft

Ein gewisses Interesse am Verhältnis zwischen Kultur und Gesellschaft hatte sich in den USA wie in Großbritannien auch
schon vor dem Eintreffen der großen Diaspora gezeigt. Ein frühes Beispiel für eine Sozialgeschichte der Kultur ist das der
Beards, die eine wichtige Rolle in der Geschichte des amerikanischen Radikalismus spielten. Als Student in Oxford hatte
Charles Beard bei der Gründung der Ruskin Hall mitgewirkt, die
der Arbeiterklasse Zugang zur höheren Bildung verschaffen
sollte (dazu paßt, daß diese Einrichtung, die damals Ruskin College hieß, zur Wiege der *History-Workshop*-Bewegung wurde).
Nach der Rückkehr in die Vereinigten Staaten erlangte Beard
einige Berühmtheit durch seine umstrittene Studie *An Economic
Interpretation of the Constitution of the United States* (1913).

Zusammen mit seiner Frau Mary Ritter Beard, einer führenden Frauenrechtlerin und Vorkämpferin der Frauenforschung,
schrieb Beard *The Rise of American Civilization* (1927), eine
Studie, die eine ökonomische und soziale Interpretation des
kulturellen Wandels anbot. Das Schlußkapitel über das »Ma-
schinenzeitalter« zum Beispiel befaßte sich mit der Rolle des
Automobils bei der Ausbreitung städtischer Werte und »stereo-
typer mentaler Reize«, mit der Förderung der Kunst durch Mil-
lionäre, der praktischen und populärwissenschaftlichen Ausrichtung amerikanischer Naturwissenschaften und dem Aufstieg des
Jazz.

Dennoch schärfte das Eintreffen einer Gruppe von Emigran-
ten aus Mitteleuropa das Bewußtsein britischer und amerikanischer Forscher für das Verhältnis zwischen Kultur und Gesellschaft. In Großbritannien spielten drei Ungarn eine entschei-

dende Rolle: der Soziologe Karl Mannheim, sein Freund Arnold Hauser und der Kunsthistoriker Friedrich Antal.[11] Alle drei hatten während des Ersten Weltkriegs zum sogenannten »Sonntagskreis« gehört, einem Gesprächskreis um den Literaturkritiker Georg Lukács. Alle drei emigrierten in den 1930er Jahren nach England. Mannheim wechselte von einem Lehrstuhl in Frankfurt auf eine Dozentur an der London School of Economics, Antal von einem Lehrstuhl in Mitteleuropa auf eine Dozentenstelle am Courtauld Institute, während Hauser freier Schriftsteller wurde.

Mannheim, eher ein Bewunderer von Marx als ein strenger Marxist, hatte besonderes Interesse an der Wissenssoziologie, der er sich auf historischen Wege näherte, zum Beispiel indem er die Mentalität deutscher Konservativer erforschte. In Deutschland hatte er einen gewissen intellektuellen Einfluß auf zwei oben bereits erwähnte Wissenschaftler ausgeübt, Norbert Elias und Erwin Panofsky, auch wenn Panofsky den sozialen Ansatz aufgab.

In seinen Büchern und Aufsätzen beschreibt Antal die Kultur als Ausdruck oder sogar als »Spiegel« der Gesellschaft. In der Florentiner Kunst der Rennaissance spiegelte sich nach seiner Auffassung das Weltbild des Bürgertums, und William Hogarth fand er deshalb interessant, weil dessen Kunst Ansichten und Geschmack eines breiten Querschnitts der Gesellschaft zum Ausdruck bringe.[12] Zu Antals britischen Schülern gehörten Francis Klingender, Autor von *Art and the Industrial Revolution* (1947 – *Kunst und industrielle Revolution*); Anthony Blunt, der sich längst einen Namen als Kunsthistoriker gemacht hatte, be-

11 Peter Burke, »The Central European Moment in British Cultural Studies«, in: Herbert Grabes (Hg.), *Literary History/Cultural History: Force-Fields and Tensions*, Tübingen 2001, S. 279-288.
12 Frederick Antal, *Florentine Painting and its Social Background*, London 1947; dt.: *Die florentinische Malerei und ihr sozialer Hintergrund*, Berlin 1958. Ders., *Hogarth and his Place in European Art*, London 1962; dt.: *Hogarth und seine Stellung in der europäischen Kunst*, Dresden 1966.

vor er als Spion bekannt wurde; und John Berger, der sich der Kunst gleichfalls in einer sozialen Perspektive näherte.

Arnold Hauser, ein Marxist konventionelleren Zuschnitts, tat wohl am meisten, um das Wissen über den Ansatz der Gruppe zu verbreiten, und zwar mit seiner *Social History of Art* (1951 – *Sozialgeschichte der Kunst und Literatur*), in der er einen engen Zusammenhang zwischen der Kultur und den wirtschaftlichen oder sozialen Konflikten wie auch dem ökonomischen und gesellschaftlichen Wandel herstellte und Themen behandelte wie »die Klassenkämpfe in Italien am Ende des Mittelalters«, »die Romantik als bürgerliche Bewegung« oder das Verhältnis zwischen dem Film und der »Krise des Kapitalismus«.

Wir sollten bei Klingender, Blunt und Berger nicht einfach von ungarischen Einflüssen sprechen, sondern eher von einer »Rezeption« oder einer kulturellen Begegnung. Einerseits gab es das Problem des kulturellen Widerstands, das Mannheim zu der Klage veranlaßte, es sei schwierig, die Soziologie nach England zu verpflanzen oder an die englischen Verhältnisse anzupassen. Andererseits gab es durchaus intellektuelle Kreise, die bereits auf eine Rezeption der Mannheimschen Ideen vorbereitet waren. Sowohl innerhalb als auch außerhalb der akademischen Welt Großbritanniens fand sich in den 1930er und 1940er Jahren eine kleine Gruppe marxistischer Intellektueller. Roy Pascal, von 1939 bis 1969 Professor für Germanistik in Birmingham, schrieb über die Sozialgeschichte der Literatur. Die berühmte Studie des Altertumsforschers George Thomson über Theater und Gesellschaft, *Aeschylus and Athens* (1941 – *Aischylos und Athen*), war eindeutig von Marx inspiriert. Und auch Joseph Needham benutze einen marxistischen Rahmen für sein Buch über Wissenschaft und Zivilisation in China.

F. R. Leavis, Autor von *The Great Tradition* (1948), war gleichfalls sehr am Verhältnis zwischen der Kultur und ihrer Umwelt interessiert. Wenn er die Abhängigkeit der Literatur von »einer sozialen Kultur und einer Lebenskunst« betont, so hatte das allerdings weniger mit Marx als mit nostalgischen Gefühlen für die traditionale »organische Gemeinschaft« zu tun. Dennoch fiel es nicht schwer, den Leavis'schen mit dem Marx'schen Ansatz zu verbinden, wie Raymond Williams es in *The Long Revolution* (1961) tat. Darin untersuchte er nicht nur die Sozialgeschichte des Theaters, sondern prägte auch den berühmten Begriff der »Gefühlsstrukturen«.

Die Entdeckung des Volkes

Die Idee der »Volkskultur« entstand am selben Ort und in derselben Zeit wie die der Kulturgeschichte, nämlich im Deutschland des späten 18. Jahrhunderts. Damals entdeckten bürgerliche Intellektuelle Volkslieder, Volkserzählungen, Volkstänze, Bräuche, Volkskunst und Kunsthandwerk.[13] Doch die Geschichte dieser Volkskultur überließ man den Altertumsforschern, Volkskundlern und Anthropologen. Erst in den 1960er Jahren wandte sich eine Gruppe akademischer Historiker der populären Kultur zu.

Ein frühes Beispiel dafür war das 1959 veröffentlichte *The Jazz Scene* von einem gewissen »Francis Newton« – einem der zahlreichen Pseudonyme, unter denen Eric Hobsbawm schrieb. Wie man von einem angesehenen Wirtschafts- und Sozialhistoriker erwarten durfte, behandelte der Autor nicht nur die Musik, sondern auch deren Publikum und natürlich den Jazz als Geschäft und als Form sozialen und politischen Protests. Er gelangte zu dem Schluß, der Jazz sei ein Beispiel dafür, »daß Volksmusik nicht untergeht, sondern sich auch im Umfeld der modernen Stadt und der industriellen Zivilisation zu halten vermag.« Dieses Buch, das voller weitsichtiger Beobachtungen zur

---

13 Peter Burke, *Popular Culture in Early Modern Europe*, London 1978; überarb. Fassung Aldershot 1993; dt.: *Helden, Schurken und Narren. Europäische Volkskultur in der frühen Neuzeit*, Stuttgart 1981, erstes Kapitel.

Geschichte der Volkskultur steckt, erreichte nie die Wirkung auf die akademische Welt, die es eigentlich verdient hätte.

Die einflußreichste Studie dieser Art aus den 1960er Jahren war Edward Thompsons *Making of the English Working Class* (1963 – *Die Entstehung der englischen Arbeiterklasse*). Darin beschränkte Thompson sich nicht auf die Analyse der Rolle, die wirtschaftliche und politische Veränderungen bei der Entstehung der Arbeiterklasse spielten, sondern untersuchte auch die Bedeutung der Volkskultur innerhalb dieser Entwicklung. Sehr lebendig beschreibt er auch die Initiationsrituale der Handwerker, die Stellung der Jahrmärkte im »kulturellen Leben der Armen«, die Symbolik der Nahrungsmittel und die Ikonographie der Aufstände, von Spruchbändern und auf Stöcke gespießten Broten bis hin zu den Puppen verhaßter Gestalten, die auf der Straße gehängt wurden. Er untersuchte die Dialektdichtung, um die »Gefühlsstruktur der Arbeiterklasse« zu erfassen, wie man mit Raymond Williams sagen könnte. Und einen beträchtlichen Anteil der Aufmerksamkeit verwendete er auf den Methodismus, vom Stil der Laienpredigt bis hin zur Bildwelt der Gesänge, wobei er besonders die Verschiebung »emotionaler und spiritueller Energien« betonte, die »in den Dienst der Kirche gestellt wurden«.

Thompson übte großen Einfluß auf jüngere Historiker aus. Besonders deutlich zeigt sich das in der *History-Workshop*-Bewegung, die in den 1960er Jahren unter Führung von Raphael Samuel gegründet wurde. Samuel lehrte am Ruskin College in Oxford, einem Zentrum für erwachsene Studenten aus der Arbeiterklasse. Er organisierte zahlreiche Tagungen, die er als Workshops bezeichnete, gründete die Zeitschrift *History Workshop* und regte durch unzählige Artikel und Seminarpapiere viele Menschen dazu an, Geschichte (darunter auch Kulturgeschichte) »von unten« zu schreiben. Außerdem inspirierte der charismatische Thompson auch Historiker der Volkskultur, von Deutschland bis nach Indien (siehe S. 153 f.).

Warum entstand damals ein Interesse an der Geschichte der populären Kultur? Wie gewöhnlich gibt es hier zwei Haupterklärungen, eine »interne« und eine »externe«. Insider sagen gern, sie reagierten damit auf Mängel früherer Ansätze, vor allem auf solche der Kulturgeschichte, die sich nicht mit den einfachen Leuten befaßt habe, oder auf solche der politischen und ökonomischen Geschichte, in der die Kultur nicht vorkam. Auch halten sie sich und ihr Netzwerk gern für die einzigen Neuerer und bemerken nur selten parallele Entwicklungen in anderen Teilen des Fachgebiets oder gar in anderen Fachgebieten und außerhalb der akademischen Welt.

Außenstehende haben dagegen oft einen weiteren Blick und bemerken, daß in Großbritannien etwa der Aufstieg der Geschichte der Populärkultur in den 1960er Jahren mit dem Aufstieg der *Cultural Studies* zusammenfiel, wie sie nach dem Vorbild des von Stuart Hall geleiteten Center for Contemporary Cultural Studies an der Universität Birmingham betrieben wurden. Der internationale Erfolg der *Cultural Studies* legt den Gedanken nahe, daß sie einem Bedürfnis entsprachen, nämlich einer Kritik an der Betonung der traditionellen Hochkultur in Schule und Hochschule und dem Wunsch, die veränderte Welt der Waren, der Werbung und des Fernsehens verstehen zu können.

Wie die Große Tradition und der marxistische Ansatz, so erwies sich auch die Geschichte der Volks- und Populärkultur in manchem als problematisch. Diese Probleme, die mit den Jahren immer deutlicher zutage traten, werden wir im folgenden Kapitel behandeln.

Zweites Kapitel
Probleme der Kulturgeschichte

Wie bei so vielen menschlichen Betätigungen führte jede Antwort auf die Frage, wie man Kulturgeschichte schreiben sollte, früher oder später zu neuen Problemen eigener Art. Wenn wir Burckhardt nicht mehr läsen, wäre das ein großer Verlust für uns. Dennoch wären wir schlecht beraten, wenn wir sein Werk allzu sklavisch nachahmten, und das nicht nur, weil sein Bogen sich schwer spannen läßt und eine Sensibilität erfordert, die den meisten von uns fehlen dürfte. Aus einer Entfernung von mehr als einem Jahrhundert betrachtet, zeigen sich in seinen Büchern wie in denen von Huizinga und anderen Klassikern einige Schwächen. Die Quellen, die Methoden und die Grundannahmen dieser Studien bedürfen einer Problematisierung.

Die Klassiker im Rückblick

Sehen wir uns zum Beispiel an, wie die Klassiker der Kulturgeschichte mit Quellen umgingen. Vor allem Huizinga griff in *Herbst des Mittelalters* immer wieder auf einige wenige literarische Quellen zurück. Hätte er andere Autoren herangezogen, wäre wohl ein ganz anderes Bild dieses Zeitalters entstanden. Der Kulturhistoriker sollte nicht der Versuchung erliegen, die Texte und Bilder einer Zeit unkritisch als Spiegelungen dieser Zeit zu begreifen.

In seinem Buch über Griechenland behauptete Burckhardt, die Schlußfolgerungen von Kulturhistorikern seien vergleichsweise zuverlässig. Die politische Geschichte des antiken Griechenland stecke voller Unwägbarkeiten, weil die Griechen so gern übertrieben oder sogar gelogen hätten. »Die Kulturgeschichte dagegen hat *primum gradum certitudinis*, denn sie lebt wichtigernfalls von dem, was Quellen und Denkmäler unabsichtlich und uneigennützig, ja unfreiwillig, unbewußt und andererseits sogar durch Erdichtungen verkünden.«[1]

Mit der These einer relativen Zuverlässigkeit hatte Burckhardt gewiß nicht ganz unrecht. Auch seine These hinsichtlich »unabsichtlich« vermittelter Zeugnisse ist nicht von der Hand zu weisen: Zeugen aus der Vergangenheit können uns Dinge sagen, von denen sie gar nicht wußten, daß sie davon wußten. Dennoch wäre es unklug, wenn wir unterstellten, Romane oder Gemälde seien stets frei von Interessen, Leidenschaft oder Propaganda. Wie ihre Kollegen in der politischen oder ökonomischen Geschichte, so müssen auch Kulturhistoriker Quellenkritik betreiben. Sie müssen sich fragen, warum ein Text oder Bild entstanden ist, ob es zum Beispiel gemacht wurde, um Leser oder Betrachter zu einem bestimmten Handeln zu bewegen.

Man hat Burckhardt und Huizinga oft vorgeworfen, ihre Methode sei impressionistisch oder sogar anekdotisch. Es ist bekannt, daß unsere Wahrnehmung und Erinnerung durch persönliche Interessen oder vorgefaßte Meinungen beeinflußt wird, doch nicht alle Historiker ziehen die nötigen Lehren aus dieser Beobachtung. Der Wirtschaftshistoriker John Clapham bekannte einmal: »Ich las Arthur Youngs *Travel in France*, markierte die mir wichtig erscheinenden Passagen und stützte später meine Vorlesung darauf. Vor fünf Jahren sah ich das Buch nochmals durch und bemerkte, daß ich nur solche Stellen angestrichen hatte, in denen Young von armen und unglücklichen Franzosen sprach, während ich die vielen Hinweise auf glückliche oder wohlhabende Franzosen übergangen hatte.« Man darf wohl annehmen, daß Huizinga ähnlich verfuhr, als er seine These illustrierte: »Keine Zeit hat mit solcher Eindringlichkeit

1 Jacob Burckhardt, *Griechische Kulturgeschichte*, in: ders., *Gesammelte Werke*, 10 Bde., Darmstadt 1956, Bd. V, S. 5.

jedermann fort und fort den Todesgedanken eingeprägt wie das fünfzehnte Jahrhundert.«

Ist die Kulturgeschichte dazu verdammt, impressionistisch zu sein? Eine Möglichkeit besteht in der von Franzosen so genannten *histoire sérielle*, also einer chronologischen Analyse von Dokumenten. Schon in den 1960er Jahren behandelten einige französische Historiker mit diesem Verfahren die Ausbreitung der Lesefähigkeit und die »Geschichte des Buches«. So verglichen sie etwa die Zahl der in verschiedenen Jahrzehnten des 18. Jahrhunderts in Frankreich zu verschiedenen Themen erschienenen Bücher.[2] Zur Analyse von Texten eignet sich dieser Ansatz tatsächlich in vielen Bereichen der Kulturgeschichte, und man hat ihn zur Analyse von Testamenten, Urkunden, politischen Pamphleten und dergleichen eingesetzt. Auch Bilder hat man auf diese Weise analysiert, zum Beispiel Votivbilder aus einer bestimmten Region – wie etwa der Provence –, die über die Jahrhunderte Veränderung in den religiösen oder sozialen Einstellungen erkennen lassen.[3]

Das von Clapham angesprochene Problem der subjektiven Deutung von Texten ist noch schwerer zu lösen. Es gibt hier jedoch eine potentielle Alternative. Sie wird als »Inhaltsanalyse« bezeichnet und wurde im frühen 20. Jahrhundert in amerikanischen Journalistenschulen eingesetzt, bevor die Alliierten im Zweiten Weltkrieg auf sie zurückgriffen, um aus offiziellen deutschen Verlautbarungen zuverlässige Informationen zu gewinnen. Bei diesem Verfahren wählt man einen Text oder ein Textkorpus aus und zählt, wie oft ein einzelnes Thema oder mehrere Themen angesprochen werden. Dann untersucht man die »Kovarianz« der Themen, das heißt die Häufigkeit, in der gewisse Themen gemeinsam mit anderen auftreten.

2 François Furet (Hg.), *Livre et société dans la France du 18ᵉ siècle*, Paris und Den Haag 1965.
3 Bernard Cousin, *Le Miracle et le quotidien: les ex-voto provençaux images d'une société*, Aix-en-Provence 1983.

Auf diese Weise könnte man zum Beispiel die historischen Schriften des Tacitus analysieren. Man zählt, wie oft die Bezeichnungen für »Angst« (*metus, pavor*) vorkommen und interpretiert die bemerkenswerte Häufigkeit als Beweis für die bewußte oder unbewußte Verunsicherung des Autors.[4] In den 1970er Jahren erfaßte eine Gruppe in Saint-Cloud, die sich als »Laboratoire de lexicométrie« bezeichnete und sich mit der Französischen Revolution befaßte, die häufigsten Themen in den Texten von Rousseau, Robbespierre und anderen. Dabei fand man heraus, daß in Rousseaus *Contrat social* das am häufigsten benutzte Substantiv das Wort *loi* (Gesetz) ist, bei Robbespierre dagegen der Begriff *peuple* (Volk), den er am liebsten mit *droits* (Rechte) und *souveraineté* (Souveränität) verband.[5]

Eine Inhaltsanalyse dieser Art wird einige unangenehme Fragen zu beantworten haben. Die Arbeit der Gruppe in Saint-Cloud war rein deskriptiv, und man kann den Einwand erheben, solch eine Analyse lohne die Mühe nicht, wenn gar keine Hypothese überprüft wird. In jedem Fall ist der Übergang vom Wort zum Thema nicht einfach. Dasselbe Wort kann in unterschiedlichen Zusammenhängen unterschiedliche Bedeutungen haben, und Themen verändern sich möglicherweise, wenn man sie miteinander in Verbindung bringt. Ein quantitativer Ansatz ist zu mechanisch, zu unempfindlich für Variationen, als daß er für sich allein erhellend sein könnte.

In Verbindung mit traditionellen literaturwissenschaftlichen Methoden einer genauen Lektüre kann die Inhaltsanalyse jedoch immerhin das von Clapham beschriebene Vorurteil korrigieren. Ähnliche Einwände lassen sich auch gegen die »Diskursanalyse« vorbringen, eine linguistische Analyse von Texten, die länger als ein Satz sind, und ein Ansatz, der doch einiges mit der

4 Siehe die Stichworte *metus* und *pavor* in: Arnold Gerber und Adolf Greef, *Lexicon Taciteum*, Leipzig 1903.
5 Régine Robin, *Histoire et linguistique*, Paris 1973, S. 139-158.

durch ihn ersetzten Inhaltsanalyse gemein hat, auch wenn er sprachlichen Schemata, literarischen Gattungen und Erzählformen größere Aufmerksamkeit schenkt.[6]

Mit einem weiteren Problem, dem der Grundannahmen, befaßt sich Ernst Gombrich in seinem Aufsatz »In Search of Cultural History«, in dem er Burckhardt, Huizinga und auch die Marxisten kritisiert, weil sie die Kulturgeschichte auf »Hegelsche Grundlagen« gestellt hätten, also auf den Zeitgeist, der sich in der deutschsprachigen Welt um die Wende vom 18. zum 19. Jahrhundert solcher Beliebtheit erfreute.[7] Im folgenden werde ich jedoch zunächst Burckhardts Verständnis der Kultur mit dem der Marxisten vergleichen und zunächst auf die marxistische Kritik an den Klassikern eingehen, um mich dann den von der marxistischen Kulturgeschichte aufgeworfenen Problemen zuzuwenden.

Marxistische Debatten

Die wichtigste marxistische Kritik am kulturhistorischen Ansatz der Klassiker erhebt den Vorwurf, dieser Ansatz »hänge in der Luft«, weil ihm der Kontakt zu jeglicher ökonomischen oder sozialen Basis fehle. Burckhardt hatte, wie er später einräumte, wenig über die ökonomischen Grundlagen der italienischen Renaissance zu sagen, während Huizinga bei seiner Darstellung des Gefühls der Sterblichkeit im Spätmittelalter fast gar nicht auf den Schwarzen Tod eingeht. Panofsky wiederum hatte wenig über die realen Kontakte zwischen den beiden sozialen Gruppen zu sagen, die für die Leistungen der gotischen Archi-

---

6 Alexandra Georgakopoulou und Dionysis Goutsos, *Discourse Analysis: An Introduction*, Edinburgh 1997.

7 Ernst Gombrich, »In Search of Cultural History«, Wiederabdruck in: ders., *Ideals and Idols*, Oxford 1979, S. 25-59; dt.: *Die Krise der Kulturgeschichte. Gedanken zum Wertproblem in den Geisteswissenschaften*, Stuttgart 1983.

tektur und der Scholastik verantwortlich waren, die Baumeister und die Magister.

Eine zweite marxistische Kritik an den Klassikern der Kulturgeschichte macht ihnen den Vorwurf, die kulturelle Homogenität übertrieben und die kulturellen Konflikte ignoriert zu haben. Einen bemerkenswert scharfen Ausdruck fand diese Kritik in einem Aufsatz von Edward Thompson, in dem er »Kultur« als einen »verklumpenden Ausdruck« bezeichnet, der allerlei Dinge zusammenwirft, Unterschiede verkleistert und uns »in Richtung übertrieben konsensorientierter und ganzheitlicher Vorstellungen drängt«.[8] Man müsse unterscheiden zwischen den Kulturen sozialer Klassen, den Kulturen von Männern und Frauen, den Kulturen der verschiedenen Generationen, die in einer Gesellschaft zusammenleben.

Eine weitere nützliche Unterscheidung ist die zwischen verschiedenen »Zeitzonen«, wie man sie nennen könnte. Der deutsche Marxist Ernst Bloch schrieb in den 1930er Jahren: »Nicht alle sind im selben Jetzt da. Sie sind es nur äußerlich, dadurch, daß sie heute zu sehen sind [. . .]. Sie tragen vielmehr Früheres mit, das mischt sich ein.«[9] Bloch dachte dabei an die deutschen Bauern der 1930er Jahre oder an das verarmte Kleinbürgertum, die beide in der Vergangenheit lebten. Doch »die Gleichzeitigkeit von Ungleichzeitigem«, wie er es nannte, ist eine weitaus allgemeinere geschichtliche Erscheinung, die den alten Gedanken der kulturellen Einheit eines Zeitalters untergräbt.

Das läßt sich auch an der Geschichte der Kulturgeschichte selbst demonstrieren, denn die klassische Kulturgeschichte, die Sozialgeschichte der Kultur und die Geschichte der Volkskultur haben lange nebeneinander existiert.

---

8 Edward Thompson, »Custom and Culture« (1978), Wiederabdruck in: ders., *Customs in Common*, London 1991.
9 Ernst Bloch, *Erbschaft dieser Zeit* (1935), Frankfurt am Main 1973, S. 104.

Probleme der marxistischen Geschichtswissenschaft

Der marxistische Ansatz wirft seinerseits unangenehme Probleme auf. Marxistische Kulturhistoriker leben in einem paradoxen Zustand, wenn nicht sogar in einem Widerspruch. Weshalb sollten Marxisten sich mit etwas befassen, das Marx als bloßen »Überbau« abgetan hat?

Im Rückblick erscheint Edward Thompsons *The Making of the English Working Class* (1963 – *Die Entstehung der englischen Arbeiterklasse*) als Meilenstein in der Geschichte der britischen Kulturgeschichte. Unmittelbar nach dem Erscheinen des Buchs warfen einige marxistische Kollegen ihm »Kulturalismus« vor. Anders gesagt, sie warfen ihm vor, er lege das Schwergewicht auf Erfahrungen und Ideen statt auf harte ökonomische, soziale und politische Realitäten. Im Gegenzug bezichtigte der so Kritisierte seine Kritiker des »Ökonomismus«.

Die Spannung zwischen Kulturalismus und Ökonomismus erwies sich als produktiv, zumindest bei dieser Gelegenheit, denn sie machte es möglich, die zentralen marxistischen Begriffe einer ökonomischen und soziale Grundlage oder »Basis« und eines kulturellen »Überbaus« von innen her zu kritisieren. So bezeichnete Raymond Williams die Formel von Basis und Überbau als »starr« und zog es vor, »Beziehungen zwischen Elementen innerhalb einer ganzen Lebensform« zu erforschen. Williams schätzte die Idee einer »kulturellen Hegemonie«, also den – von dem italienischen Marxisten Antonio Gramsci und anderen vertretenen – Gedanken, wonach die herrschende Klasse ihre Herrschaft nicht nur direkt durch Gewalt und Androhung von Gewalt ausübt, sondern auch über die Tatsache, daß ihre Ideen von den »subalternen Klassen« (*classi subalterni*) akzeptiert werden.[10]

Auch Thompson sah in der Idee der kulturellen Hegemonie

---

10 Raymond Williams, *Marxism and Literature*, Oxford 1977; dt.: *Innovationen. Über den Prozeßcharakter von Literatur und Kultur*, Frankfurt am Main 1983.

eine bessere Formulierung für das Verhältnis zwischen Kultur und Gesellschaft als im Begriff des Überbaus. In *Whigs and Hunters* (1975) schrieb er mit der ihm eigenen Rhetorik: »Die Hegemonie der Gentry und Aristokratie des 18. Jahrhunderts fand ihren wichtigsten Ausdruck nicht in militärischer Macht, nicht in den Mystifikationen der Priester und der Presse und nicht einmal in ökonomischen Zwängen, sondern in den Ritualen der Friedensrichter, in den Gerichtstagen, im Pomp der Gerichtsverhandlungen und im Spektakel der Hinrichtungen.«

Dennoch bleiben Probleme. Ein Marxismus, der auf das Begriffspaar »Basis« und »Überbau« verzichtet, läuft Gefahr, gerade die Merkmale zu verlieren, durch die er sich von anderen Denksystemen unterscheidet. Andererseits scheint Thompsons Kritik an »ganzheitlichen Vorstellungen« Kulturgeschichte schlechthin unmöglich zu machen oder zumindest auf eine fragmentarische Bemühung zu reduzieren. So unterschiedlich die beiden Wissenschaftler dachten, weist Thompson offenbar in dieselbe Richtung wie Gombrich, wenn er die »Hegel'schen Grundlagen« der von Burckhardt und Huizinga unternommenen Synthese zurückweist. Diese Kritik wirft eine grundlegende Frage auf: Ist es möglich, Kulturen als Ganze zu erforschen, ohne der falschen Grundannahme einer kulturellen Homogenität zu erliegen?

Auf diese Frage sind im wesentlichen zwei Antworten gegeben worden. Die eine ist die Erforschung kultureller Traditionen. Die andere behandelt Hochkultur und Volkskultur als »Subkulturen«, die teilweise, aber nicht vollständig getrennt und unabhängig voneinander existieren.

Paradoxien der Tradition

Die Idee der Kultur impliziert die Idee der Tradition, also der Weitergabe bestimmter Kenntnisse und Fertigkeiten von einer Generation an die nächste. Da vielfältige Traditionen innerhalb derselben Gesellschaften nebeneinander bestehen können – laikale und klerikale, männliche und weibliche, die der Feder und die des Schwerts und so weiter –, befreit die Arbeit mit der Idee der Tradition den Kulturhistoriker von der Notwendigkeit, Einheit oder Homogenität eines »Zeitalters« wie des Mittelalters oder der Aufklärung unterstellen zu müssen. Von den im vorigen Kapitel genannten Historikern befaßten sich Aby Warburg und Ernst-Robert Curtius besonders intensiv mit Traditionen, in ihrem Fall mit dem Schicksal der antiken Tradition in der nachantiken Welt.

Die Idee der Tradition scheint keiner weiteren Erläuterung zu bedürfen, doch der, wie wir ihn hier nennen könnten, traditionelle Traditionsbegriff muß durchaus als problematisch gelten. Die beiden wichtigsten Probleme lassen sich als das Zwillingsparadoxon der Tradition bezeichnen.

Zunächst einmal kann scheinbare Innovation den tatsächlichen Fortbestand von Traditionen verdecken. Daß religiöse Einstellungen in säkularisierter Form fortbestehen, läßt sich in vielen Kulturen beobachten, in katholischen, protestantischen oder jüdischen ebenso wie in hinduistischen oder muslimischen. Ein offenkundiges Beispiel dafür ist das Überleben gewisser puritanischer Einstellungen und Werte in den Vereinigten Staaten unserer Tage, etwa der Sinn für die Bedeutung des Individuums oder das Bedürfnis nach Leistung oder das starke Interesse an der Selbsterforschung. Die Historiker der Missionsbewegungen konzentrierten sich früher meist auf die »Bekehrung« einzelner Menschen, größerer Gruppen oder ganzer Völker, während sie heute um den Fortbestand von Traditionen wissen und daher der bewußten oder unbewußten Mischung oder Synthese von Glaubensvorstellungen und Werten aus beiden beteiligten Religionen größere Bedeutung beimessen.

Umgekehrt können die äußeren Zeichen einer Tradition tatsächliche Innovationen verdecken. Wir alle kennen den spöttischen Ausspruch von Marx, er sei kein Marxist. Damit verwies er auf ein Problem, das häufig auftritt und das wir das Problem des Gründers und der Anhänger nennen könnten. Die Botschaft des Gründers einer erfolgreichen philosophischen oder religiösen Bewegung ist selten einfach. Sie zieht gerade deshalb viele Menschen an, weil sie zahlreiche Aspekte besitzt. Die Anhänger stellen jeweils unterschiedliche Aspekte in den Vordergrund, je nach ihrer Interessenlage und der eigenen Situation. Noch fundamentaler ist das Problem des »inneren Konflikts« innerhalb einer Tradition, also des unvermeidlichen Konflikts zwischen universellen Regeln und den spezifischen, in ständiger Veränderung begriffenen Situationen.[11]

Mit anderen Worten, was in einer Tradition weitergegeben wird, verändert sich bei der Weitergabe an eine neue Generation – und muß sich in der Tat verändern. Die große Schwäche der Erforschung der europäischen Literaturgeschichte durch Curtius liegt in der mangelnden Bereitschaft des Autors, diese Tatsache anzuerkennen, statt die untersuchten Gemeinplätze als Konstanten zu behandeln. Warburg wußte dagegen sehr genau um die Veränderung, welche die antike Tradition im Laufe der Jahrhunderte erfahren hatte. Heute interessieren sich Kulturhistoriker sogar noch intensiver für die Frage der »Rezeption«, wie wir im fünften Kapitel noch sehen werden.

---

11 Beispiele aus China in: Benjamin Schwartz, »Some Polarities in Confucian Thought«, in: David S. Nivison und Arthur F. Wright (Hg.), *Confucianism in Action*, Stanford 1959, S. 50-62; aus Indien in: J. C. Heesterman, *The Inner Conflict of Traditions*, Chicago 1985, S. 10-25.

Die Volkskultur auf dem Prüfstand

Die Unterscheidung zwischen Hoch- und Volkskultur innerhalb einer Gesellschaft ist eine weitere Alternative zur Annahme
einer kulturellen Homogenität. Doch wie die Idee des Zeitgei-
stes und die des Überbaus, so ist auch der Begriff der Volkskultur zum Gegenstand einer Debatte geworden, zu der Theoretiker wie Michel de Certeau oder Stuart Hall und Historiker wie
Roger Chartier oder Jacques Revel wertvolle Beiträge geleistet
haben.[12]

Zunächst einmal stellt sich die schwierige Frage nach der Definition des Subjekts. Wer ist »das Volk«? Alle oder nur die Menschen, die nicht zur Elite gehören? Im zweiten Fall handelt es
sich um eine Restkategorie, und wie bei allen Restkategorien
laufen wir Gefahr, bei dem Ausgeschlossenen Homogenität zu
unterstellen. Da dürfte es besser sein, dem Beispiel zahlreicher
jüngerer Historiker und Theoretiker zu folgen und von Volks-
oder Populärkulturen im Plural zu sprechen, von städtischen
und ländlichen, von männlichen und weiblichen, von solchen
für Ältere und solchen für Jüngere und so weiter.

Diese Lösung führt jedoch zu einem neuen Problem. Gibt es
in ein und derselben Gesellschaft unterschiedliche Kulturen für
Frauen und Männer? Wenn wir die Frage mit Nein beantworten, leugnen wir durchaus greifbare Unterschiede, aber wenn
wir sie mit Ja beantworten, übertreiben wir diese Unterschiede
möglicherweise. Unter diesen Umständen könnte es aufschlußreicher sein, an mehr oder weniger autonome oder eingebun-
dene weibliche Kulturen oder »Subkulturen« zu denken, deren
Autonomie zunimmt, wenn die Frauen schärfer von den Män-

---

12 Michel de Certeau, Jacques Revel und Dominique Julia, »La Beauté du
mort« (1970), Wiederabdruck in: Michel de Certeau, *La Culture au pluriel*,
Paris 1993, S. 45-72; Stuart Hall, »Notes on Deconstructing the ›Popular‹«,
in: Raphael Samuel (Hg.), *People's History and Socialist Theory*, London
1981, S. 227-240; Roger Chartier, *Cultural History*, Cambridge 1988, S. 37-
40.

nern getrennt sind, wie es etwa für Nonnenklöster in der traditionellen mediterranen Welt oder für die Kultur des Islam gilt.

Für das antike Griechenland hat John Winkler, ein von der
Kulturanthropologie geprägter Altertumsforscher, gezeigt, daß
die überkommenen Quellen zwar nahezu ausschließlich das
Werk von Männern waren, daß sie jedoch, wenn wir sie gegen
den Strich lesen, auch Aufschluß über spezifisch weibliche Vorstellungen zur Sexualität und anderen Fragen geben können. Er
behandelt Sappphos Gedichte und die Adonis-Feste der Frauen
als besonders wertvollen Beleg dafür, daß die griechischen
Frauen ein »anderes Bewußtsein von Sexualität und Geschlecht« hatten, als ihre Ehemänner und Väter dachten und
sagten.[13]

Ein weiteres Problem für Historiker der Volkskultur ist die
Frage, ob sie die Eliten zumindest für bestimmte Perioden einbeziehen oder ausschließen sollen. Problematisch an einem Aus-
schluß ist die Tatsache, daß Menschen mit hohem Status, großem Vermögen oder beträchtlicher Macht sich in ihrer Kultur
nicht notwendig von den gewöhnlichen Menschen unterscheiden. Im Frankreich des 17. Jahrhunderts etwa gehörten zu den
Leserinnen der *Bibliothèque bleue* – billige Büchlein, die gern als
Beispiele für die Volkskultur zitiert werden – auch adlige Damen
und eine Herzogin. Und das kann kaum überraschen, da die
Bildungsmöglichkeiten für Frauen damals sehr begrenzt waren.

Darum meint Roger Chartier, es sei nahezu unmöglich, für
Objekte oder kulturelle Praktiken jeweils zu bestimmen, ob sie
der »Volkskultur« zugehören. Konzentriert man sich auf soziale
Gruppen statt auf Objekte oder Praktiken, könnte man sagen,
die westeuropäischen Eliten der frühen Neuzeit hätten »zwei
Kulturen« angehört, der von den Historikern so genannten
»Volkskultur« und der Hochkultur, von der die einfachen Leute

---

13 John J. Winkler, *The Constraints of Desire*, New York 1990; dt.: *Der Gefes-
selte Eros. Sexualität und Geschlechterverhältnis im antiken Griechenland*,
Marburg 1994, insb. S. 235-305.

ausgeschlossen waren. Erst ab der Mitte des 17. Jahrhunderts zogen die Eliten sich generell aus der Beteiligung an der Volkskultur zurück.[14]

Wissenschaftler haben immer wieder darauf hingewiesen, daß man die Unterscheidung zwischen Hoch- und Volkskultur wegen der vielfältigen Wechselwirkungen zwischen beiden Bereichen aufgeben sollte. Dann ergibt sich jedoch das Problem, daß sich ebendiese Wechselwirkungen nicht mehr beschreiben lassen. Am besten dürfte es sein, die beiden Ausdrücke zu benutzen, ohne den Gegensatz zwischen ihnen allzu stark zu betonen, und die Hoch- wie auch die Volkskultur in einen umfassenderen Rahmen zu stellen. So verfuhr zum Beispiel der französische Historiker Georges Duby in einem bahnbrechenden Aufsatz über die Ausbreitung kultureller Modelle in der Feudalgesellschaft, in dem er die Bewegung von Objekten und Praktiken von oben nach unten bzw. von unten nach oben untersuchte, ohne die Kultur in zwei Teile zu spalten.[15]

Was ist Kultur?

Der zweite Teil in der Wortverbindung »Volkskultur« ist noch problematischer als der erste. Wie Burckhardt 1882 bemerkte, ist Kulturgeschichte »ein schwankender Begriff«. Anfangs beschränkte sie sich auf die Hochkultur. Dann erweiterte man den Begriff nach »unten«, um hier im Bild zu bleiben, so daß er auch die »niedere« oder »Volkskultur« umfaßte. In jüngerer Zeit hat man den Begriff auch gleichsam nach den Seiten hin erweitert. Anfangs bezeichnete man als Kultur nur Kunst und Wissen-

---

14 Chartier, *Cultural History*, a. a. O.; Peter Burke, *Popular Culture in Early Modern Europe*, London 1978; überarb. Fassung Aldershot 1993; dt.: *Helden, Schurken und Narren. Europäische Volkskultur in der frühen Neuzeit*, Stuttgart 1981.

15 Georges Duby, »The Diffusion of Cultural Patterns in Feudal Society«, *Past and Present* 39 (1968), S. 1-10.

schaft. Dann benutzte man den Begriff auch zur Beschreibung der volkstümlichen Äquivalente von Kunst und Wissenschaft – Volksmusik, Volksmedizin und so weiter. Seit der letzten Generation bezeichnet der Begriff ein breites Spektrum an Artefakten (Bilder, Werkzeuge, Häuser usw.) und Praktiken (Konversation, Lesen, Spiele).

Diese neue Gebrauchsweise ist strenggenommen gar nicht neu. Schon 1948 schrieb T. S. Eliot, ein Amerikaner, der Europa gleichsam mit den Augen eines Anthropologen beobachtete, in seinen *Notes Towards the Definition of Culture* (*Beiträge zum Begriff der Kultur*), die europäische Kultur umfasse neben anderen Elementen »Derby [. . .], das Wurfpfeilspiel [. . .], Kohl, im ganzen gekocht und dann in Scheiben geschnitten, rote Rüben in Essig, gotische Kirchen aus dem neunzehnten Jahrhundert und die Musik von Elgar«. Und in seinem Beitrag für die *Encyclopaedia of the Social Sciences* gab der Anthropologe Bronislaw Malinowski 1931 eine sehr weite Definition des Begriffs der Kultur. Dort heißt es, sie umfasse »überkommene Artefakte, Güter, technische Prozesse, Ideen, Bräuche und Werte«.

Tatsächlich hatte der Anthropologe Edward Tylor schon 1871 in seinem Buch *Primitive Culture* eine ähnliche Definition von Kultur »im weitesten ethnographischen Sinne« gegeben. Sie sei »jenes komplexe Ganze, das Wissen, Glauben, Kunst, Moral, Recht, Brauchtum und alle übrigen Fähigkeiten und Gewohnheiten umfaßt, die der Mensch als Mitglied der Gesellschaft benötigt«. Die anthropologische Beschäftigung mit dem Alltagsleben und mit Gesellschaften, in denen nur ein geringes Maß an Arbeitsteilung bestand, ließ es ratsam erscheinen, den Begriff der Kultur weiter zu fassen.

Diesen anthropologischen Begriff übernahmen die Kulturhistoriker – und andere Mitglieder ihrer Kultur – in der letzten Generation, dem Zeitalter der »historischen Anthropologie« und der »Neuen Kulturgeschichte«. Mit diesen beiden Entwicklungen wollen wir uns in den folgenden Kapiteln beschäftigen.

Drittes Kapitel
Die Stunde der historischen
Anthropologie

Eines der auffälligsten Merkmale der kulturhistorischen Praxis in den letzten vier Jahrzehnten des 20. Jahrhunderts war die Hinwendung zur Anthropologie. Diese Hinwendung beschränkte sich nicht auf die Kulturgeschichte. So bemühten sich einige Wirtschaftshistoriker um eine ökonomische Anthropologie. Doch auch in diesem Fall waren die wichtigsten Lehren, die sie aus ihrer Forschung zogen, kultureller Natur und bezogen sich auf die Bedeutung der Werte bei der Erklärung der Produktion, der Akkumulation und des Konsums von Vermögen und Besitz.

Viele Historiker lernten den Begriff der Kultur in der weiten Bedeutung zu verwenden, von der am Ende des letzten Kapitels die Rede war. Einige wenige, vor allem in Frankreich, Großbritannien und den Vereinigten Staaten, besuchten anthropologische Seminare, übernahmen Begriffe aus diesem Fachgebiet und entwickelten einen Ansatz, der als »historische Anthropologie« bekannt wurde, wenngleich »anthropologische Geschichte« wohl die angemessenere Bezeichnung wäre. Zu den aufschlußreichsten Veränderungen, die sich im Gefolge dieser Begegnung zwischen Geschichte und Anthropologie einstellten – einer Begegnung, die noch nicht zu Ende ist, auch wenn sie sich heute wahrscheinlich weniger eng gestaltet als früher –, gehörte die Tatsache, daß man den Begriff der Kultur nun im Plural und in einem immer weiteren Sinne verwendete.

Die Ausweitung des Kulturbegriffs

In den 1980er und 1990er Jahren zeigte sich immer deutlicher ein wachsendes Interesse an Kultur, an Kulturgeschichte und an den sogenannten *Cultural Studies*. Allerdings hatte diese Hinwendung zur Kultur in verschiedenen Fachgebieten unterschiedliche Folgen und vielleicht sogar eine unterschiedliche Bedeutung.

In der Kulturpsychologie etwa bedeutet sie eine Abkehr von der Vorstellung einer identischen Triebausstattung aller Menschen und eine Annäherung an Soziologie und Anthropologie. In der Kulturgeographie bedeutet sie, daß man sich nun vor der traditionellen Vorstellung einer »Kulturregion« hütet, die über soziale Unterschiede und soziale Konflikte innerhalb einer Region hinwegsieht. In der Wirtschaftswissenschaft verbindet sich das Interesse an der Kultur mit einem wachsenden Interesse am Konsum und der zunehmenden Einsicht, daß die Entwicklungen dort sich nicht zufriedenstellend mit dem schlichten Modell des rationalen Konsumenten erklären lassen. Und in der Politikwissenschaft zeigen sich zunehmend Tendenzen, Politik als symbolisches Handeln zu begreifen und die politische Kommunikation in verschiedenen Medien zu erforschen, auch wenn das Modell des rationalen Wählers dort weiterhin dominiert. Selbst hartgesottene Analytiker der Weltpolitik wie Samuel P. Huntington sprechen heute von einem »Kampf der Kulturen« (siehe S. 8).[1]

Auch in der Geschichtswissenschaft vollzogen einige Forscher, die mit Werken zur politischen Geschichte bekannt geworden waren, eine Hinwendung zur Kultur. John Elliott etwa, Autor von *Revolt of the Catalans* (1963), tat sich mit dem Kunsthistoriker Jonathan Brown zusammen und schrieb mit ihm

---

[1] Zur Situation in der Politikwissenschaft siehe das demnächst erscheinende Buch von Patrick Chabal und Jean-Pascal Daloz, *Culture Troubles: Comparative Politics and the Interpretation of Meaning*.

A Palace for a King (1980), eine Studie über Bau und Ausstattung des Buen-Retiro-Palastes bei Madrid als Ort, an dem die spanischen Habsburger ihre Macht ausstellten. Historiker sind heute eher als früher geneigt, Ausdrücke wie »Buchkultur«, »höfische Kultur« oder »Kultur des Absolutismus« zu gebrauchen. Die folgenden Beispiele aus den Titeln von Büchern, die in den 1990er Jahren erschienen, mögen genügen, um diesen Trend zu belegen: »Kultur des Verdienstes«, »Kultur des Wagemuts«, »Kultur des Glücksspiels«, »Kultur der Lebensversicherung«, »Liebeskultur«, »Kultur des Puritanismus«, »Kultur des Absolutismus«, »Protestkultur«, »Kultur der Geheimhaltung« und »Kultur der Höflichkeit«. Selbst die »Waffenkultur« hat ihren Historiker gefunden.[2] Wir sind auf dem Weg zu einer Kulturgeschichte aller erdenklichen Gegenstände: Träume, Nahrungsmittel, Gefühle, Reisen, Erinnerung, Gesten, Humor, Prüfungen und so weiter.

Den größten Erfolg hatte das Schlagwort »Neue Kulturgeschichte« (*New Cultural History*) in den Vereinigten Staaten. Dort sammelten sich unter diesem Banner die mit dem »Neohistorismus« (*New Historicism*, siehe S. 64) verbündeten Literaturwissenschaftler, Kunsthistoriker, Wissenschaftshistoriker und »einfache« oder »gewöhnliche« Historiker, wie man sie nennen könnte. Doch die Bewegung ist durchaus international. In Frankreich drang der Ausdruck *histoire culturelle* wegen der Konkurrenz durch Begriffe wie *histoire des mentalités* und *histoire de l'imagination social* (siehe S. 93 f.) nur langsam in den Sprachgebrauch ein, doch inzwischen bezeichnen Roger Chartier und andere sich als Kulturhistoriker. Chartiers *Les Origines culturelles de la Révolution française* (1990 – *Die kulturellen Ursprünge der Französischen Revolution*) ist eine Reaktion auf Daniel Mornets *Les Origines intellectuelles de la Révolution française* (1933) und stellt einem engeren geistesgeschichtlichen Ansatz einen weiter gefaßten kulturhistorischen Ansatz entgegen.

2 Michael Bellesisles, *Arming America: The Origins of a National Gun Culture*, New York 2000.

In Deutschland und Holland pfropfte man die Neue Kulturgeschichte auf die von Burckhardt und Huizinga begründete
Tradition auf, wobei man allerdings größeres Gewicht auf die
sogenannte »Geschichte des Alltags« legte. In Großbritannien
dagegen ist die Kulturgeschichte tatsächlich eine neue Entwicklung, obwohl das Warburg Institute sich seit den 1930er Jahren
in London befindet. Keith Thomas schrieb dazu 1989: »Im Vereinigten Königreich gibt es solch einen Gegenstand nicht. Es
gibt kaum Lehrstühle oder Dozenturen für Kulturgeschichte,
keine Fakultäten für Kulturgeschichte, keine Zeitschriften für
Kulturgeschichte und keine Tagungen zu diesem Thema.«[3]
Zwar ändert sich diese Situation langsam, doch in Großbritannien erlangten in der letzten Generation statt der Kulturgeschichte eher die *Cultural Studies* eine gewisse Bedeutung.

Kulturelle Erklärungen

Zur Ausdehnung des Reichs der Kultur gehört auch die wachsende Neigung, kulturelle Erklärungen für ökonomische Phänomene anzubieten, zum Beispiel für den wirtschaftlichen Niedergang Großbritanniens oder generell für den Reichtum oder
die Armut eines Landes. 1961 veröffentlichte John Elliott in der
Zeitschrift *Past and Present* einen Aufsatz mit dem Titel »The
Decline of Spain« (»Der Niedergang Spaniens«). Siebzehn Jahre
später publizierte er in derselben Zeitschrift einen Aufsatz mit
dem Titel »Self-Perception and Decline in Early Seventeenth-
Century« (»Selbstbild und Niedergang im frühen 17. Jahrhundert«). Die Verschiebung des Interesses von objektiven Maßstä-
ben für den Niedergang hin zum Gefühl des Niedergangs ist
charakteristisch für eine ganze Generation von Historikern. In
ähnlicher Weise bietet man auch immer häufiger kulturelle Erklärungen für politische Veränderungen in der Welt an, etwa für

3 Keith Thomas, »Ways of Doing Cultural History«, in: Rik Sanders u.a.
(Hg.), *Balans en Perspectief van de neederlandse cultuurgeschiedenis*, Amsterdam 1991, S. 65.

Revolutionen, Staatsgründungen oder sogar die schwedische Intervention im Dreißigjährigen Krieg.[4]

Ein erstaunliches Beispiel für die kulturelle Erklärung politischer Ereignisse findet sich im Werk des Historikers F. S. Lyons, der sich von der politischen Geschichte zur Kulturgeschichte »bekehrt« hat. In seinem letzten Buch, *Culture and Anarchy in Ireland, 1890-1939* (1979), schreibt er, das Land sei in vier Kulturen gespalten, die der Engländer, der Iren, der Anglo-Iren und der Ulster-Protestanten, in vier Gemeinschaften, die »weder miteinander noch getrennt voneinander zu leben vermögen«. Er behauptet, die politischen Probleme seien lediglich ein relativ oberflächlicher Ausdruck darunter liegender kultureller Konflikte oder »Zusammenstöße«, und er ruft dazu auf, der Kulturgeschichte, die in Irland »noch in den Kinderschuhen steckt«, größere Aufmerksamkeit zu schenken.

Der Unterschied in der Verwendung des Ausdrucks »Kultur« bei Lyons und bei Matthew Arnold, dessen Buchtitel er abwandelte, ist sehr aufschlußreich. In den letzten drei Jahrzehnten hat sich der Gebrauch des Wortes »Kultur« durch die Historiker schrittweise verändert. Während der Begriff sich früher auf die Hochkultur bezog, umfaßt er heute auch die Alltagskultur, also Bräuche, Werte und Lebensformen. Mit anderen Worten, die Historiker haben sich stärker dem bei Anthropologen verbreiteten Kulturbegriff angenähert (siehe S. 45 f.).

4 Martin J. Wiener, *English Culture and the Decline of the Industrial Spirit, 1850-1980*, Cambridge 1981; David Landes, *The Wealth and the Poverty of Nations*, London 1998; dt.: *Wohlstand und Armut der Nationen*, Berlin 1999; Eriv Van Young, »The New Cultural History Comes to Old Mexico«, *Hispanic American Historical Review* 79 (1999), S. 211-248, hier S. 238; Erik Ringmar, *Identity, Interest and Action: A Cultural Explanation of Sweden's Intervention in the Thirty Years War*, Cambridge 1996.

Die Stunde der historischen Anthropologie

Zu den anthropologischen Schriften, die von Historikern am intensivsten gelesen worden sind, gehören die von Marcel Mauss über die Gabe, von Edward Evans-Pritchard über Hexerei, von Mary Douglas über Reinheit und von Clifford Geertz über Bali. Als Claude Lévi-Strauss in den 1960er und 1970er Jahren auf dem Höhepunkt seines Ruhms stand, fühlten sich manche Historiker zu seinem strukturalistischen Ansatz hingezogen, mußten aber feststellen, daß er sich einer Aneignung widersetzte.

Ein frühes Beispiel für die Hinwendung zur Anthropologie stammt aus der damaligen Sowjetunion. Der russische Mediävist Aron Gurevic war ein Skandinavien-Experte. Der ausgebildete Agrarhistoriker begann sich für Eigentumsvorstellungen im mittelalterlichen Norwegen und Island zu interessieren. Um das auf einer ständigen Übertragung beweglicher Güter beruhende System zu begreifen, wandte er sich der Anthropologie zu.[5]

Gurevic verglich die Feste der Skandinavier mit Beschreibungen des »Potlach« bei den Kwakiutl, einem Indianerstamm in Britisch-Kolumbien (das Potlach war ein soziales Ereignis, bei dem ein Häuptling andere Häuptlinge und Rivalen einlud, damit sie mit ihm der Zerstörung wertvoller Güter beiwohnten). Er stützte sich auf die von Mauss herausgearbeiteten Regeln des Schenkens in traditionalen Gesellschaften, vor allem die Verpflichtung, Geschenke anzunehmen, und die Pflicht, sie zu vergelten, entweder in Form eines anderen Geschenks (nach Ablauf einer bestimmten Zeit) oder in Form von Loyalität und

---

5 Aaron Gurevich (Aron Gurevic), »Wealth and Gift-Bestowal among the ancient Scandinavians« (1968), Wiederabdruck in: ders., *Historical Anthropology of the Middle Ages*, Cambridge 1992, S. 177-189. Vgl. Natalie Z. Davis, *The Gift in Sixteenth-Century France*, Oxford 2000; dt.: *Die schenkende Gesellschaft*, München 2002.

Diensten. Damit erklärte er die zahlreichen Hinweise auf Geschenke in den isländischen Sagen und schloß daraus, daß Freigebigkeit im mittelalterlichen Skandinavien für wichtige Leute nicht nur eine moralische Verpflichtung und eine Voraussetzung für ihren Status darstellte, sondern auch eine Eigenschaft mit magischer Qualität, die den Frieden und gute Ernten sichern sollte.

Diese Ergebnisse lassen sich ohne Zweifel auch auf einige andere Teile Europas ausdehnen. So werden die politischen Zwecke der Feste und Schmuck- oder Waffengeschenke, die in der epischen Dichtung *Beowulf* so lebendig beschrieben sind, im Lichte der anthropologischen Theorie klarer. Generell hat das Beispiel der Anthropologen die Historiker veranlaßt, die Goten, Vandalen, Hunnen und andere Invasoren des Römisches Reiches in einem positiveren Licht zu sehen und den Versuch zu machen, die »Zivilisation der Barbaren« zu rekonstruieren.

Evans-Pritchards Einfluß zeigt sich im Werk eines Pioniers der historischen Anthropologie in Großbritannien, Keith Thomas. In dessen Buch *Religion and the Decline of Magic* (1971) finden sich in den Kapiteln über Astrologie und Hexerei zahlreiche Verweise auf Afrika, etwa ein Vergleich des »cunning folk« zu Tudor- und Stuart-Zeiten mit den afrikanischen Wahrsagern des 20. Jahrhunderts. Seine Analyse der sozialen Funktion der Hexerei, wonach der Glaube daran »anerkannte moralische Standards« stärkt, knüpft an eine These von Evans-Ptitchard an, wonach der Glaube an die Hexerei bei den Azande (einem zentralafrikanischen Volk) »ein wertvolles Korrektiv zu hartherzigen Strebungen« darstellt, »da Übellaunigkeit, Gemeinheit oder Feindseligkeit schlimme Folgen haben können«.[6]

Auch Mary Douglas, Schülerin von Evans-Pritchard, unter-

6 Keith Thomas, *Religion and the Decline of Magic*, London 1971, insb. S. 216-217, 339, 463Fn., 566, 645; vgl. Maria Lúcia Pallares-Burke, *The New History: Confessions and Conversations*, Cambridge 2002.

nahm Feldforschung in Afrika, doch es war ihre allgemeiner ausgerichtete Studie *Purity and Danger* (1966 – *Reinheit und Gefährdung*), die das Interesse der Historiker auf sich zog, vor allem die fesselnde These, daß Schmutz »im Auge des Betrachters existiert« und eine Form von Unordnung darstellt. Durch dieses Buch ist die lange Geschichte der westlichen Auseinandersetzung mit Reinheit sehr viel sichtbarer geworden, und das in ganz unterschiedlichen Bereichen wie der Sprache oder den in den mittelalterlichen Städten an den Rand gedrängten »ehrlosen Berufen«, die vom physisch Schmutzigen (Färberei, Gerberei) bis hin zum moralisch Unreinen (Prostituierte und Henker) reichten.[7]

Purity and Danger diente als zentraler Bezugspunkt für einen berühmten Aufsatz der amerikanischen Historikerin Natalie Davis über die französischen Volksaufstände während der Religionskriege des späten 16. Jahrhunderts. Davis betrachtete die Kriege gleichsam »von unten«. Sie beobachtete die Gewaltausbrüche innerhalb der Gemeinschaften, das Lynchen von Katholiken durch Protestanten und von Protestanten durch Katholiken, mit den Augen einer Anthropologin und interpretierte diese Wirren als Rituale, als »Gewaltrituale«, die den Versuch darstellten, die Gemeinschaft vom Makel der Häresie und des Aberglaubens zu reinigen.[8]

Während einige wenige englischsprachige Historiker Evans-Pritchard und Douglas lasen, entdeckten manche ihrer französischen Kollegen das Werk von Claude Lévi-Strauss. Ihre Aufmerksamkeit erregte dabei nicht so sehr seine empirische Arbeit zu den Indianern Brasiliens, zum Beispiel den Bororo und den Nambikwara, sondern seine allgemeine Kulturtheorie, die als »Strukturalismus« bezeichnet wird. Lévi-Strauss

---

7 Anton Blok, »Infamous Occupations«, in: ders., *Honour and Violence*, Cambridge 2001, S. 44-68.
8 Natalie Z. Davis, »The Rites of Violence« (1973), Wiederabdruck in dies., *Society and Culture in Early Modern France*, Stanford 1975, S. 152-188.

hatte von den Sprachwissenschaftlern gelernt, die Beziehungen zwischen den Elementen eines kulturellen oder sozialen Systems zu untersuchen und dabei besonders auf binäre Gegensätze zu achten: hoch und niedrig, hell und dunkel, roh und gekocht usw.

Sein vierbändiges Werk über die Mythologie amerikanischer Indianer erschien zwischen 1964 und 1971 und regte einige Historiker, insbesondere Jacques Le Goff und Emmanuel Le Roy Ladurie, dazu an, in derselben Weise auch europäische Mythen zu untersuchen. Und wieder war es Keith Thomas, der in seinem Buch *Man and the Natural World* (1983) Lévi-Strauss mit seiner These folgte, wonach die Klassifikation der Tiere im frühneuzeitlichen England eine Projektion der Sozialstruktur auf die Natur darstellte.

Ein gutes Beispiel für eine historische Forschung, die Erkenntnisse des Strukturalismus oder der Semiotik, in diesem Fall eher russischen denn französischen Stils, verarbeitet, ist Juri Lotmans Aufsatz über die, wie er es nennt, »Poetik des Alltagsverhaltens« im Rußland des 18. Jahrhunderts. Darin zitiert Lotman zwar keine Anthropologen, doch er trifft die anthropologische Feststellung, je weiter eine Kultur von uns entfernt sei, desto leichter könnten wir ihr Alltagsleben zum Gegenstand der Forschung machen. Für seine Fallstudie das Rußland des 18. Jahrhunderts auszuwählen habe den Vorteil, daß die von Peter dem Großen eingeleitete und von seinen Nachfolgern fortgesetzte Verwestlichung des Landes den Alltag für russische Adlige problematisch machte. Sie benötigten nun Anleitungen wie den *Wahren Spiegel der Jugend* (1767), die ihnen sagten, wie sie sich nach westlichem Vorbild zu benehmen hatten. »Während und nach dem Zeitalter Peters des Großen glich der russische Adlige einem Fremden im eigenen Land«, da die einfachen Leute den Eindruck hatten, er habe sich verkleidet.[9]

9 Juri M. Lotman, »The Poetics of Everyday Behaviour in Russian Eighteenth-Century Culture«, in: ders. und Boris A. Uspenskii, *The Semiotics of*

Lotman behandelt das Konzept einer »Poetik« des Alltagslebens als etwas Außergewöhnliches, auf eine bestimmte Periode der russischen Geschichte Beschränktes, doch man kann diesen Ansatz durchaus verallgemeinern, und das ist auch geschehen. Schon 1860 hatte Burckhardt sich dafür ausgesprochen, mit einem ästhetischen Ansatz an Politik und Gesellschaft der Renaissance heranzugehen, also Staat und Gesellschaft gleichsam als »Kunstwerke« zu begreifen, während Stephen Greenblatt eine allgemeiner »Poetik der Kultur« vorschlägt (siehe S. 64).

Der Anthropologe, der in der letzten Generation die meisten Kulturhistoriker inspiriert hat, ist Clifford Geertz, dessen »interpretierende Theorie der Kultur«, wie er selbst sie nennt, Welten von der Theorie eines Lévi-Strauss entfernt ist. Er kritisiert Edward Tylors Definition der Kultur als »Wissen, Glaube, Kunst, Moral, Recht, Brauchtum« (siehe S. 46), weil sie weit mehr verdunkele als erhelle. Statt dessen legt Geertz das Schwergewicht auf die Bedeutung und eine »dichte Beschreibung«, wie es im Titel eines berühmten Aufsatzes heißt. Nach seiner eigenen Definition ist Kultur »ein geordnetes System von Bedeutungen und Symbolen, vermittels dessen gesellschaftliche Interaktion stattfindet«. Sie ist »das Geflecht von Bedeutungen, in denen Menschen ihre Erfahrungen interpretieren und nach denen sie ihr Handeln ausrichten«.[10]

Was das in der Praxis heißt, wird deutlicher, wenn wir uns Geertz' eigene ethnographische Studien ansehen, vor allem seine oft zitierte Interpretation des Hahnenkampfs auf Bali, in der er diesen Sport als »philosophisches Drama« und als Schlüssel für ein Verständnis der balinesischen Kultur behandelt. Bei dem Versuch, den Hahnenkampf in den Zusammenhang der

Russian Culture, Ann Arbor 1984, S. 231-256; vgl. ders., *Russischer Adel. Eine Kulturgeschichte von Peter I. bis Nikolaus I.* (1994), Köln 1997.

10 Clifford Geertz, *The Interpretation of Cultures*, New York 1973; dt.: *Dichte Beschreibung. Beiträge zum Verstehen kultureller Systeme*, Frankfurt am Main 1983, S. 7-43; die Definition findet sich auf S. 99.

übrigen balinesischen Kultur zu stellen, behandelt er ihn nicht als »Spiegel« dieser Kultur, sondern als einen Text, »eine balinesische Lesart balinesischer Erfahrung, eine Geschichte, die man einander über sich selbst erzählt«, und vergleicht ihn mit *King Lear* oder Dostojewskijs *Schuld und Sühne* in unserer eigenen Kultur. Die Übung, mit hohen Einsätzen auf den Sieg eines Hahnes zu wetten, bezeichnet er als »Dramatisierung von Statusinteressen«. Erst dadurch erhalte das Spiel »Tiefe«.[11]

Es ist nicht schwer, zu erkennen, was Geertz hier dem Literaturtheoretiker Kenneth Burke verdankt, der schon in den 1940er Jahren einen, wie er sich ausdrückte, »dramatischen Ansatz« hinsichtlich der Kultur beschrieb. Ein weiterer Anthropologe, der ähnlich dachte wie Geertz, war Victor Turner, der seine – in der Neuen Kulturgeschichte dann oft übernommene – Idee des »sozialen Dramas« aus seiner Feldforschung in Afrika entwickelte. Dort hatte er festgestellt, daß Störungen des sozialen Lebens oft eine »mehr oder weniger regelmäßige« Entwicklung nahmen, die sich in vier Phasen einteilen ließ: den Bruch der normalen sozialen Beziehung, die Krise, den Versuch einer Wiederherstellung der Beziehung und schließlich die neuerliche Integration oder aber die Anerkennung des »Schismas«.[12]

In der Fortführung dieses dramatistischen oder dramaturgischen Ansatzes schrieb Geertz dann ein Buch über den balinesischen »Theaterstaat« des 19. Jahrhunderts. Dies war ein Staat, in dem man der auch bei westlichen Politikwissenschaftlern verbreiteten, aber irrigen Ansicht verfiel, das Ritual sei ein Mittel im Dienste der Macht. Für die Balinesen, wie Geertz sie darstellt, galt aber das Gegenteil: »Der Pomp dient nicht der Macht, sondern die Macht dem Pomp.« Der balinesische Staat

---

11 Ebd., S. 229, 237, 252.
12 Victor Turner, *Schism and Continuity in African Society*, Manchester 1957, S. 91-93, 230-232.

mag schwach gewesen sein, doch er war spektakulär. Das Spektakel war seine *raison d'être*.[13]

Welchen Einfluß Geertz mit seinem Werk auf Kulturhistoriker ausübte, läßt sich an Robert Darntons *The Great Cat Massacre* (1984 – *Das große Katzenmassaker*) illustrieren. Dabei handelt es sich um eine Aufsatzsammlung, die aus einem gemeinsam mit Geertz in Princeton veranstalteten Seminar über Geschichte und Anthropologie hervorgegangen ist. Im Anschluß an die Anthropologen definiert Darnton die Aufgabe des Kulturhistorikers als »Wahrnehmung von Andersartigkeit«. Und im Anschluß an Geertz im besonderen meint er, »man kann ein Ritual oder eine Stadt ebenso ›lesen‹, wie man ein Märchen oder einen philosophischen Text lesen kann«. *Das große Katzenmassaker* ist eine Sammlung solcher Lektüren.

Der Titel des Buches verweist auf einen scheinbar trivialen Vorfall, der sich in den 1730er Jahren in einer Pariser Druckerei abspielte. Die dort arbeitenden Gesellen fühlten sich von dem Lärm der Katzen gestört, weil er sie am Schlafen hinderte, und so veranstalteten sie eine Jagd, der ein »Spotttribunal« gegen die Katzen und deren »Hinrichtung« durch den Strang folgten – was den Organisatoren ein wahnsinniges Vergnügen bereitete. Jedenfalls schilderte es so einer der Gesellen, als er später seine Lebenserinnerungen niederschrieb.

Darnton beginnt seine Analyse mit dem Gelächter der Gesellen und meint: »Unsere eigene Unfähigkeit zu verstehen, worin der Witz besteht, ist ein Anzeichen für die Distanz, die uns von den Arbeitern des vorindustriellen Europa trennt.« Um diese Distanz zu überwinden, stellt er den Vorfall in eine Reihe von Kontexten, die von den Arbeitsbeziehungen bis zu volkstümlichen Ritualen und von den Einstellungen gegenüber Katzen bis hin zur Einstellung gegenüber Gewalt reichen. Auf diese Weise hilft er dem Leser nicht nur zu verstehen, warum die Gesellen so

---

13 Clifford Geertz, *Negara: The Theatre State in Nineteenth-Century Bali*, Princeton 1980.

handelten. Der Vorfall eröffnet zugleich einen Zugang zu einer verlorenen Welt. Man könnte sagen, er analysiert das Ereignis als »soziales Drama«, auch wenn er sich nicht an Turners Reihenfolge hält.

Darntons Deutung des Katzenmassakers ist auf Kritik gestoßen, vor allem bei Roger Chartier, der sich insbesondere gegen Darntons Begriff des »Französischseins« wendet. Es sei paradox, auf die kulturelle Distanz zwischen dem 18. und dem 20. Jahrhundert hinzuweisen und dann eine Kontinuität des französischen Kulturstils zu behaupten. Allerdings zitiert auch Chartier Geertz zustimmend.[14]

Weshalb entfaltete Geertz mit seinem Werk und seinem Aufsatz über den Hahnenkampf solche Wirkung? Seine humanistische Bildung, seine elegante Prosa und seine Verteidigung der Interpretation von Bedeutungen (entgegen der Analyse der sozialen Funktionen von Bräuchen, wie so viele seiner Kollegen unter den Anthropologen sie in den 1960er und 1970er Jahren praktizierten) hatten sämtlich Anteil an dieser freundlichen Rezeption. Durch seine Beschäftigung mit der Hermeneutik reihte er sich in die deutsche Tradition der Kulturgeschichte ein. Jedenfalls ist die »Drama-Analogie«, wie Geertz selbst sie nannte, ein äußerst kraftvolles Instrument, das die ältere Konzentration auf die Hochkultur mit dem jüngeren Interesse am Alltagsleben verbindet. Die Kraft dieser Analogie hilft uns nicht nur, die Begeisterung zu erklären, mit der die Arbeiten von Geertz und Turner aufgenommen wurden, sondern auch den Erfolg, den Erving Goffman mit seinem Buch *The Presentation of Self in Everyday Life* (1959 – *Wir alle spielen Theater: die Selbstdarstellung im Alltag*) verzeichnen konnte. Darin beschreibt Goffman zum Beispiel eine Kellnerin, die sich gegenüber den Kunden im Restaurant ganz anders verhält als gegenüber den Kollegen und

---

14 Roger Chartier, »Texts, Symbols and Frenchness: Historical Uses of Symbolic Anthropology« (1985), Wiederabdruck in: ders., *Cultural History*, a. a. O., S. 95-111.

Kolleginnen in der Küche, die gleichsam »hinter der Bühne« liegt.

Außerdem hilft uns die Drama-Analogie auch, das wachsende Interesse der Historiker an Ritualen zu erklären. Die Tradition der Erforschung offizieller Rituale wie Krönungen reicht bis in die 1920er Jahre oder noch weiter zurück, doch in den 1960er und 1970er Jahren entdeckten Historiker wie Edward Thompson und Natalie Davis volkstümliche Rituale wie den Karneval, bevor sie sich an die Beschreibung und Analyse noch informellerer »Praktiken« und »Performances« machten (siehe S. 85), während der deutsche Forscher Richard van Dülmen in seinem *Theater des Schreckens* (1985) Hinrichtungen in der frühen Neuzeit untersuchte.

Eine ungewöhnlich weitreichende Anwendung der Drama-Analogie findet sich in Rhys Isaacs Buch *The Transformation of Virginia* (1982), das zugleich besonders deutlich demonstriert, welchen Wert die Analoge für Kulturhistoriker besitzt. Isaac bezeichnet sein Buch selbst als Beispiel »ethnographischer Geschichte«. Er erläutert seine Methode in einem langen Schlußkapitel, bezeichnet die Arbeiten von Goffman und Geertz als seine wichtigsten Bezugspunkte und stellt die These auf, jede Kultur habe ihre eigene »dramaturgische Ausstattung« oder ihr eigenes Repertoire.

Am Beispiel von Virginia illustriert Isaac das Verständnis des sozialen Lebens als »Abfolge von Performances«, indem er den »zeremoniellen Charakter« der Mahlzeiten im Herrenhaus, des Teetrinkens, der Gastfreundschaft, der Gerichtsverfahren, der Wahlen, der Musterung der lokalen Milizen, der Annahme und Unterzeichnung von Resolutionen herausarbeitet. Das »Theatermodell« wird sogar zur Interpretation alltäglicher Mikroereignisse wie der Begegnung zwischen einem Weißen und einem Sklaven eingesetzt, bei der letzterer ein »übertrieben unterwürfiges Verhalten an den Tag legt«.

Das Interesse, das ein Teil der Historiker vor allem in Westeuropa und den Vereinigten Staaten zwischen den 1960er und den 1990er Jahren der Anthropologie entgegenbrachte, beschränkte sich jedoch nicht auf Geertz oder das soziale Drama. Was war der Grund für die wachsende Beliebtheit der Anthropologie in dieser Zeit?

Begegnungen zwischen Fachgebieten folgen wie Begegnungen zwischen Kulturen oft den Prinzipien der Kongruenz und der Konvergenz. Die Anziehungskraft einer Kultur für Menschen einer anderen Kultur beruht oft auf Ideen oder Praktiken, die eine gewisse Ähnlichkeit mit denen der eigenen Kultur besitzen und deshalb zugleich vertraut und fremd wirken. Die Anziehungskraft sorgt dann dafür, daß die Ideen und Praktiken einander noch ähnlicher werden. In dem hier erörterten Fall könnten wir sagen, Theorie und Praxis der dichten Beschreibung halfen einer Gruppe von Historikern, in eine Richtung weiterzugehen, in die sie sich bereits bewegten. Der Literaturhistoriker Stephen Greenblatt schrieb einmal, die Begegnung mit dem Werk von Geertz habe »etwas mit Sinn erfüllt, was ich bereits tat. Meine eigenen beruflichen Fertigkeiten erschienen mir bedeutsamer, vitaler und erhellender, als ich selbst begriffen hatte«.[15]

Eine Reihe führender Kulturhistoriker des späten 20. Jahrhunderts – zum Beispiel Emmanuel Le Roy Ladurie und Daniel Roche in Frankreich, Natalie Davis und Lynn Hunt in den USA, Carlo Ginzburg in Italien, Hans Medick in Deutschland – bezeichneten sich ursprünglich als Sozialhistoriker und als Bewunderer von Marx oder sogar als Marxisten. Von den späten 1960er Jahren an wandten sie sich der Anthropologie zu, auf der Suche nach einer alternativen Möglichkeit für die Verbindung zwischen Kultur und Gesellschaft, die Kultur nicht auf einen

15 Stephen Greenblatt, *Shakespearian Negotiations*, Oxford 1988; dt.: *Verhandlungen mit Shakespeare*, Berlin 1990.

Spiegel der Gesellschaft oder einen Überbau, also ein bloßes Sahnehäubchen, reduzierte.[16]

Das wachsende Interesse an der Volkskultur verstärkte noch die Bedeutung der Anthropologie für die Historiker. Die Anthropologen hatten bereits die überhebliche Vorstellung aufgegeben, die von ihnen beobachteten Menschen verstünden ihre eigene Kultur nicht, und schätzten das lokale oder inoffizielle Wissen ihrer Informanten.

Der breitere Kulturbegriff der Anthropologen war und blieb gleichfalls anziehend für Sozialhistoriker, weil er die Erforschung der Symbole – welche die gewöhnlichen Historiker einst den Experten für Kunst und Literatur überlassen hatten – mit dem Alltagsleben verband, an dessen Erforschung die Sozialhistoriker sich gerade gemacht hatten. Die Kraft der Drama-Analogie resultiert zum Teil aus der Hilfestellung, die sie bei der Herstellung dieser Verbindung leistet. Anziehend für Kulturhistoriker ist auch die anthropologische Idee kultureller »Regeln« oder eines kulturellen »Protokolls«, also die Vorstellung, daß die Menschen – wie Kinder – erst lernen müssen, wie man gewisse Dinge tut: wie man um ein Getränk bittet, wie man ein Haus betritt, wie man ein mittelalterlicher König oder ein Heiliger der Gegenreformation ist.

Wir dürfen jedoch nicht vergessen, daß auch einige Historiker der älteren Generation bereits die Rolle von Symbolen im Alltagsleben untersucht hatten. Das bekannteste Beispiel ist hier natürlich Johan Huizinga, der sich, wie wir gesehen haben, auf die Anthropologie seiner Zeit stützte, als er sein Meisterwerk über das Spätmittelalter schrieb. In einem autobiographischen Aufsatz bemerkte Huizinga, eine frühe Lektüre des Buches *Primitive Culture* von Tylor habe ihm »Perspektiven eröffnet, die mich in gewisser Weise seither inspiriert haben«.[17] In *Herbst*

---

16 Vgl. Natalie Z. Davis in: Pallares-Burke, *The New History*, a. a. O., S. 50-79.

17 Johan Huizinga, »My Path to History«, in: ders., *Dutch Civilisation in the*

des Mittelalters berichtet er von einem frommen Mann, der seine Äpfel zu Ehren der Heiligen Dreifaltigkeit stets in drei Teile zerschnitt, und erklärt, die Mahlzeiten am Hofe Karls des Kühnen hätten der Aufführung eines großen, feierlichen Theaterstücks geglichen.

Schon vor Huizinga hatte der dänische Forscher Troels Frederick Troels-Lund sich von skandinavischen Volkskundlern und deutschen Kulturhistorikern zu einer vierzehnbändigen Studie über Symbole im Alltagsleben anregen lassen. Das Werk mit dem Titel *Dagligt liv i Norden* (1879-1901 – *Das alltägliche Leben in Skandinavien*) enthält unter anderem Abschnitte über Kleidung, Nahrungsmittel und Feste.[18]

Bereits 1953 stellte L. P. Hartley seinem Roman *The Go-Between* (*Der Zoll des Glücks*) den Sinnspruch voran: »Die Vergangenheit ist ein fremdes Land. Dort tun sie Dinge anders.« Doch erst in den 1970er Jahren begann eine Gruppe von Historikern, Hartley zu zitieren und sich an dem Gedanken zu orientieren, wonach »Kulturgeschichte am kohärentesten und sinnvollsten wird, wenn man sie als zurückblickende Ethnographie begreift«.[19]

Es hat schon etwas Paradoxes, daß westliche Historiker erst über die Erforschung entlegener Völker wie der Zande oder der Balinesen die alltäglichen Symbole vor ihrer eigenen Haustür entdeckten, doch wie G. K. Chesterton und andere bemerkt haben, ist es oft nötig, in die Ferne zu reisen, um deutlicher zu erkennen, was zu Hause vorgeht. Vor einhundert Jahren gelangten manche Japaner zu einer höheren Wertschätzung ihres eigenen kulturellen Erbes, als sie die westliche Begeisterung für ihre

---

17th Century and Other Essays, hg. von Pieter Geyl und F. W. N. Hugenholtz, London 1968.
18 Troels F. Troels-Lund, *Das tägliche Leben in Skandinavien im sechzehnten Jahrhundert*, Kopenhagen 1882; siehe Bjarne Stoklund, *Folklife Research between History and Anthropology*, Cardiff 1983.
19 Thomas, »Cultural History«, a. a. O., S. 74.

Holzschnitte, ihr No-Theater und ihre Shamisenmusik bemerkten.

Die anthropologische Wende zeigt sich auch in Literatur-, Kunst- und Wissenschaftsgeschichte. Greenblatt zum Beispiel wechselte von der Literaturgeschichte zu einer »Poetik der Kultur«. Wie andere Literaturhistoriker in der mit dem »Neohistorismus« verbundenen Gruppe – einer Bewegung, die es sich zum Ziel setzte, die Literatur in ihren geschichtlichen oder kulturellen Kontext zu stellen – stand er zu Beginn seiner Arbeit noch in der marxistischen Tradition von »Literatur und Gesellschaft«, wandte sich dann aber gegen sie. In seinen *Shakespearean Negotiations* (1988 – *Verhandlungen mit Shakespeare*) wies er das traditionelle marxistische Verständnis der Kunst als Spiegelung der Gesellschaft zurück und konzentrierte sich statt dessen auf die, wie er sie nannte, »Austauschbeziehungen« oder »Verhandlungen« zwischen beiden Bereichen.

In einem Aufsatz dieses Buches über Shakespeare und die Exorzisten erörtert er das Verhältnis zwischen zwei Texten völlig unterschiedlicher Art, Shakespeares *King Lear* und der *Declaration of Egregious Popish Impostures* des protestantischen Geistlichen Samuel Harsnett. Die *Declaration* war ein Angriff auf die Praxis des Exorzismus und erschien kurz vor Shakespeares Stück. Harsnetts Haupteinwand gegen die Exorzisten war die Behauptung, sie spielten in Wirklichkeit nur Theater, verheimlichten diese Tatsache jedoch vor dem Publikum. Zentrales Thema des Aufsatzes ist nach Greenblatt die Übertragung der Besessenheit und des Exorzismus von der sakralen in die profane Darstellung. Er arbeitet mit der »Drama-Analogie«, leistet jedoch auch einen Beitrag zu ihrer Geschichte.

Manche Forscher, die sich bislang als Kunsthistoriker bezeichneten, sagen heute, sie befaßten sich mit der »visuellen Kultur«. Zwei erstaunlich frühe Beispiele für diese Hinwendung zur visuellen Kultur finden sich in den Arbeiten von Bernard Smith und Michael Baxandall.

64

In Smiths *European Vision and the South Pacific* (1959) heißt es, als erstmals Europäer in diese Region kamen (darunter auch die Künstler, die damals die Entdeckungsfahrten begleiteten), betrachteten sie die Menschen im Pazifik in »kulturbedingter« Weise durch die Brille der antiken Überlieferung oder gängiger Klischeevorstellungen wie der vom edlen Wilden. Die Tahitianer etwa galten als Menschen, die im Goldenen Zeitalter lebten, während man die australischen Ureinwohnern mit den Spartanern oder den Skythen verglich. Die Antipoden wurden als Gegenbild zu Europa wahrgenommen, als eine Welt, die gleichsam auf den Kopf stand.

Baxandall befaßte sich in *Painting and Experience in Fifteenth-Century Italy* (1972 – *Die Wirklichkeit der Bilder*) mit dem »Auge der Zeit«, also mit der Beziehung zwischen der Wahrnehmung von Gemälden und alltäglichen Erfahrungen, die vom Tanz bis hin zur Eichung von Fässern reichten. Baxandalls Interesse für einen Bestand an »Mustern« läßt an Aby Warburg denken (siehe S. 20 f.), doch sein kulturrelativistischer Ansatz verweist auch auf die Anthropologie, vor allem die interpretierende Anthropologie von Geertz, der denn auch Baxandalls Buch in einem seiner Aufsätze besprach.

Manche Wissenschaftshistoriker bewegen sich in eine ähnliche Richtung und definieren sich als Kulturhistoriker, wie Nicholas Jardine und seine Mitautoren es in einem Band mit dem Titel *Cultures of Natural History* (1996) getan haben. Und eine neuere Studie über Galileis Karriere am Hofe der Medici in Florenz, Mario Biagiolis *Galileo Courtier* (1993 – *Galilei, der Höfling*), kann als Beispiel einer historischen Anthropologie gelten.

Biagioli greift auf Mauss und Malinowski zurück, um die Beziehung zwischen Galilei und seinem Gönner zu analysieren, und auf Geertz sowie Goffman, um den Druck zu erklären, unter dem Galilei stand, sich selbst und seine Entdeckungen in so theatralischer Weise darzustellen. So hatte er Fragen, die man ihm stellte, »gewitzt und nach den Regeln der höfischen Kultur«

zu beantworten. Man erwartete von ihm, daß er sich gelegentlich sogar bei Tisch auf Dispute einließ, die eigentlich nur eine Form gelehrter Unterhaltung für seinen Gönner, den Großherzog, darstellten. Was in der höfischen Welt des 17. Jahrhunderts zählte, war nicht so sehr das Ergebnis als vielmehr die Show.

Es liegt auf der Hand, daß manche anthropologischen Klassiker von großem Nutzen für Historiker waren und ihnen Lösungen für einige ihrer Probleme anboten. Dennoch wäre es zu kurz gegriffen, wenn man das wachsende Interesse an der Anthropologie allein auf interne Entwicklungen innerhalb der Geschichtswissenschaft zurückführte. Die Historiker reagierten damit auch auf Veränderungen in der übrigen Welt, etwa auf den Verlust des Fortschrittsglaubens und auf die wachsende Bedeutung des Antikolonialismus und des Feminismus.

Unter dem Mikroskop

Die 1970er Jahre erlebten den Aufstieg eines neuen geschichtswissenschaftlichen Genres oder zumindest der zugehörigen Bezeichnung, nämlich der »Mikrogeschichte«, die mit einer kleinen Gruppe italienischer Historiker verbunden wurde, darunter Carlo Ginzburg, Giovanni Levi und Edoardo Grendi. Diese Entwicklung kann man auf drei Arten betrachten.

Erstens war die Mikrogeschichte eine Reaktion auf einen bestimmten Stil der Sozialgeschichte, der nach dem Vorbild der Wirtschaftsgeschichte quantitative Methoden einsetzte und allgemeine Trends beschrieb, ohne auf die Vielfalt oder Besonderheit lokaler Kulturen einzugehen. Zweitens war die Mikrogeschichte eine Reaktion auf die Begegnung mit der Anthropologie. Die Anthropologen boten ein alternatives Modell, das einer erweiterten Fallstudie, die auch Raum für Kultur ließ, für Freiheit von wirtschaftlichen Zwängen oder sozialem Determinismus und für Individuen, für die Gesichter in der Menge. Das Mikroskop war eine attraktive Alternative zum Teleskop, indem es die Möglichkeit eröffnete, konkrete Individuen oder lokale Erfahren wieder in die Geschichte einzuführen.[20]

Drittens war die Mikrogeschichte eine Reaktion auf die zunehmende Desillusionierung hinsichtlich der »großen Fortschrittsgeschichte«, des Aufstiegs der westlichen Zivilisation von der griechischen und römischen Antike über Christentum, Renaissance, Reformation und Aufklärung bis hin zur Französischen und zur Industriellen Revolution. Diese triumphale Geschichte ging über die Leistungen und Beiträge vieler anderer Kulturen hinweg, ganz zu schweigen von den sozialen Gruppen, die keinen Anteil an den genannten Entwicklungen hatten. Es besteht eine deutliche Ähnlichkeit zwischen dieser Kritik an der großen Fortschrittsgeschichte und der Kritik am sogenannten »Kanon« großer Schriftsteller der englischen Literatur oder großer Maler in der Geschichte der europäischen Kunst. Möglicherweise ist diese Kritik eine Reaktion auf die Globalisierung. Sie betont den Wert regionaler Kulturen und lokalen Wissens.

Mitte der 1970er Jahre erschienen zwei Bücher, die der Mikrogeschichte zum Durchbruch verhalfen: Emmanuel Le Roy Laduries *Montaillou* (1975 – *Montaillou: ein Dorf vor der Inquisition, 1294-1324*) und Carlo Ginzburgs *Il formaggio e i vermi* (1976 – *Der Käse und die Würmer*). Beide Bücher waren akademische Erfolge und fanden zugleich großen Zuspruch in einer breiteren Öffentlichkeit.

Montaillou zeichnet das historische Porträt eines kleinen französischen Pyrenäendorfes und seiner gut zweihundert Einwohner zu Beginn des 14. Jahrhunderts. Das Porträt stützt sich auf Akten der Inquisition, darunter auch Protokolle des Verhörs

---

20 Zu den scharfsinnigsten Darstellungen gehört Giovanni Levi, »Micro-history«, in: Peter Burke (Hg.), *New Perspectives on Historical Writing*, 2. Ausg. Cambridge 2001, S. 97-119; sowie Jacques Revel, *Jeux d'échelle*, Paris 1996.

von fünfundzwanzig Dorfbewohnern, die der Ketzerei verdächtigt wurden. Der Form nach orientierte sich das Buch an den von Soziologen häufig durchgeführten Gemeindestudien, doch die einzelnen Kapitel behandeln Fragen, die damals von französischen Historikern debattiert wurden, Fragen zur Kindheit etwa, zur Sexualität, zum lokalen Raum- und Zeitempfinden oder zum Bauernhaus als materiellem Ausdruck familienbezogener Werte. *Montaillou* war ein Beitrag zur Kulturgeschichte im weiteren Sinne, der auch die materielle Kultur und die Mentalität umfaßt.

Auch *Der Käse und die Würmer* stützt sich auf Akten der Inquisition, in diesem Fall aus dem in Nordostitalien gelegenen Friaul des 16. Jahrhunderts. Im Mittelpunkt des Buches steht die Person eines einzelnen, der Ketzerei verdächtigten Mannes, des Müllers Domenico Scandella, auch »Menocchio« genannt. Zur Überraschung der Inquisitoren beantwortete Menocchio ihre Fragen sehr ausführlich und breitete dabei seine Sicht des Kosmos vor ihnen aus. Seinen Titel verdankt das Buch Menocchios Überzeugung, wonach am Anfang das Chaos stand und die Elemente eine Masse ähnlich dem Käse in der Milch bildeten. Darin seien dann einige Würmer erschienen, und das seien die Engel gewesen. Im Verlauf der Verhöre berichtete Menocchio auch ausführlich, welche Bücher er gelesen und wie er sie verstanden hatte. Auf diese Weise leistete Carlo Ginzburgs Buch auch einen Beitrag zur neuen »Geschichte des Lesens« (siehe S. 90 ff.).

Der Käse und die Würmer kann als Beispiel einer »Geschichte von unten« gelten, weil im Mittelpunkt des Buches das Weltbild eines Mitglieds der von dem italienischen Marxisten Antonio Gramsci so genannten »subalternen Klassen« steht. Man könnte den Helden des Buches, Menocchio, als einen »außergewöhnlich gewöhnlichen Menschen« bezeichnen. Der Autor erkundet die Vorstellungswelt des Müllers aus unterschiedlichen Blickwinkeln und behandelt ihn zuweilen als Exzentriker, der die In-

quisitoren verwirrte, weil er nicht ihrem Klischeebild des Ket-
zers entsprach, bei anderer Gelegenheit jedoch als Sprecher einer traditionalen, der mündlichen Überlieferung verhafteten
bäuerlichen Kultur. Die Argumentation ist vielleicht nicht
überall konsistent, doch sie ist immer anregend.

Andere, eher von Geographie oder Volkskunde als von der
Anthropologie inspirierte historische Studien untersuchen größere lokale Einheiten als das Dorf oder die Familie, nämlich
ganze Regionen. So hat Charles Phythian-Adams den Versuch
unternommen, die, wie er sie nennt, englischen »Kulturprovin-
zen« zu identifizieren. Er kommt auf insgesamt vierzehn solcher
Provinzen. Sie sind größer als die Countys, aber kleiner als die
übliche Einteilung des Landes in Nordostengland, die Midlands, Südwestengland usw. David Underdown konzentriert
sich dagegen auf Variationen der Volkskultur in der frühen
Neuzeit und stellt Verbindungen zwischen den kulturellen Formen und der lokalen Ökonomie oder sogar den Siedlungsfor-
men her. Er glaubt zum Beispiel, der Fußball sei besonders be-
liebt gewesen »in den Downlands von Weltshire und Dorset mit
ihren Haufendörfern und ihrer auf Schafzucht und Getreidean-
bau basierenden Ökonomie«.[21]

Jenseits des Atlantiks unterschied David Fischer in seiner
vielbeachteten Studie *Albion's Seed* (1989) sieben Kulturregionen
für das heutige und vier für das koloniale Amerika, die jeweils
durch Einwanderer aus bestimmten Gebieten geprägt wurden:
aus East Anglia nach Massachusetts, aus Südengland nach Virginia, aus den North Midlands nach Delaware und schließlich
im 18. Jahrhundert aus dem Norden Britanniens in das »Hinter-
land« westlich von Pennsylvania. Fischer behauptete, die Le-
bensweisen oder »Folkways« – kulturelle Merkmale, die von der

---

21 Charles Phythian-Adams, »An Agenda for English Local History«, in:
ders., *Societies, Cultures and Kinship*, Leicester 1993, S. 1-23; David Underdown, »Regional Cultures?«, in: Tim Harris (Hg.), *Popular Culture in England c. 1500-1850*, London 1995, S. 28-47.

Sprache bis hin zu den Haustypen reichen – seien in den vier Regionen jeweils durch die regionalen britischen Traditionen geprägt worden. Die mit Schindeln verkleideten Häuser in New England gingen auf die Häuser in East Anglia zurück, der Akzent und der Wortschatz der Einwohner Virginias stamme von den Dialekten in Sussex und Wessex ab, und so weiter.

Seit den 1970er Jahren sind zahlreiche mikrohistorische Studien erschienen, in deren Mittelpunkt jeweils Dörfer oder einzelne Menschen, Familien oder Klöster, Aufstände, Morde oder Selbstmorde standen. Die Vielfalt ist eindrucksvoll, doch wahrscheinlich unterliegen auch diese Studien dem Gesetz des abnehmenden geistigen Ertrags für den einzelnen Ansatz. Das große Problem – dem Ginzburg sich offen stellte, wenn auch nicht alle seine Nachahmer – liegt in der Analyse des Verhältnisses zwischen der betreffenden Gemeinschaft und der Außenwelt. So legte der deutsche Mikrohistoriker Hans Medick in seiner Studie über das schwäbische Dorf Laichingen besonderes Gewicht auf das Verhältnis zwischen Lokalem und Globalem.[22]

Postkolonialismus und Feminismus

Wie im vorigen Abschnitt angemerkt, lag einer der Hauptgründe für die Abkehr von der großen Fortschrittsgeschichte der westlichen Zivilisation im wachsenden Bewußtsein für die Dinge, die dabei ausgelassen oder unsichtbar gemacht wurden. Die Unabhängigkeitskämpfe in der Dritten Welt und die Debatte über die fortbestehende ökonomische Ausbeutung der armen durch die reicheren Länder lenkte die Aufmerksamkeit auf die Macht kolonialer Vorurteile und deren Fortbestand auch in »postkolonialen« Zeiten. Dies war der kulturelle Kontext für den Aufstieg einer – oder genauer gesagt, mehrerer konkurrie-

22 Hans Medick, *Weben und Überleben in Laichingen, 1650-1900. Lokalgeschichte als Allgemeine Geschichte*, Göttingen 1996.

render – Theorien des Postkolonialismus, die später die institu-
tionelle Form der *Postcolonial Studies* annahmen, eines interdisziplinären Themengeflechts, in dem auch die Kulturgeschichte
gelegentlich eine Rolle spielt.[23]

Zu den Büchern, die am meisten dazu beigetragen haben, die
Macht westlicher Vorurteile aufzuzeigen, gehört Edward Saids
Orientalism (1978 – *Orientalismus*). In dieser provozierenden
Studie demonstrierte Said die Bedeutung binärer Gegensätze
zwischen Orient und Okzident im westlichen Denken – wobei
die Begriffe, die er für seine Darstellung benutzte, gewiß einiges
dem Beispiel von Lévi-Strauss verdankten. Und er behauptete,
diese Unterscheidung zwischen »denen« und »uns« sei gerade
von jenen Fachwissenschaftlern perpetuiert worden, die sie eigentlich hätten untergraben müssen, von den Orientalisten
nämlich. Said stellte außerdem die These auf, seit dem späten
18. Jahrhundert habe der Orientalismus sich offen oder verdeckt
mit dem Kolonialismus verbündet und sei damit »ein westlicher
Stil der Herrschaft, Umstrukturierung und des Autoritätsbesit-
zes über den Orient« geworden.

In seinem Buch analysierte Said die verschiedenen Schemata,
über die westliche Reisende, Romanciers und Forscher den Nahen und Mittleren Osten wahrnahmen, Klischeevorstellungen
wie »Rückständigkeit«, »Degeneration«, »Despotismus«, »Fata-
lismus«, »Luxus«, »Passivität« und »Sinnlichkeit«. Es war ein
zorniges Buch, eine leidenschaftliche Aufforderung an die Aus-
länder, den Nahen und Mittleren Osten ohne die Scheuklappen
der Feindseligkeit oder der Herablassung zu betrachten. Es regte
zahlreiche ähnliche Studien an, nicht nur über Afrika, Asien
und Amerika, sondern auch über Europa. So faßte man englische Vorstellungen über Irland unter dem Begriff des »Keltizismus« zusammen, während Stereotypien über den »Westen« in

---

23 Robert J. C. Young, *Postcolonialism: An Historical Introduction*, Oxford
2001.

einem bemerkenswerten Gegenzug die Sammelbezeichnung »Okzidentalismus« erhielten.[24]

Ein weiterer Unabhängigkeitskampf, der Feminismus, hatte ähnlich weitreichende Folgen für die Kulturgeschichte, weil er sich bemühte, die männlichen Vorurteile aufzudecken und die weiblichen Beiträge zur Kultur hervorzuheben, die in der traditionellen großen Fortschrittsgeschichte nahezu unsichtbar geblieben waren. Wer sich einen Überblick über die bisherigen Ergebnisse in diesem rasch expandierenden Forschungsgebiet verschaffen möchte, sollte sich die fünfbändige, von den französischen Historikern Georges Duby und Michelle Perrot herausgegebene *Storia delle donne in ocidente* (1990-1992 – *Geschichte der Frauen*) ansehen, in der sich zahlreiche kulturgeschichtliche Aufsätze finden – zum Beispiel über die Erziehung der Frauen, über männliche Frauenbilder, weibliche Frömmigkeit, weibliche Autoren, Bücher für Frauen und so weiter.

Als beispielhaft für die Auswirkungen feministischer Interessen an der geschichtswissenschaftlichen Praxis können neueren Arbeiten über die Renaissance gelten. Zwar befassen sich vor allem Wissenschaftlerinnen schon seit langem mit herausragenden Frauengestalten der Renaissance – so erschien Julia Cartwrights Buch über Isabella d'Este schon 1903. Doch Joan Kellys manifestartiger Aufsatz »Did women have a Renaissance?« wurde zu einem Meilenstein auf diesem Gebiet, weil die Probleme dort in allgemeiner Form dargestellt sind.[25] In seinem Gefolge erschienen zahlreiche Studien über Frauen der Renaissance. Eine Gruppe dieser Studien befaßt sich mit Künstlerinnen der Zeit und den Hindernissen, die man ihrer Karriere in

24 Zu einer kritischen Reaktion auf Saids zentrale Thesen siehe John M. MacKenzie, *Orientalism: History, Theory and the Arts*, Manchester 1995. Vgl. W. J. McCormack, *Ascendancy and Tradition*, Oxford 1985, S. 219-238 (zum »Keltizismus«), sowie James Carrier (Hg.), *Occidentalism: Images of the West*, Oxford 1995.

25 Siehe Joan Kelly, *Women, History and Theory*, Chicago 1984. Der Artikel erschien erstmals 1977.

den Weg stellte, eine andere mit Humanistinnen und ihren ähnlich gelagerten Problemen, etwa der Schwierigkeit, von ihren männlichen Kollegen ernst genommen zu werden oder auch nur die nötige Zeit für ihre Studien zu finden, ob sie nun verheiratet waren oder im Kloster lebten.

Schritt für Schritt führte die Einbeziehung der Frauen in die Renaissance-Forschung zu deren Veränderung oder, wie Kelly es ausdrückte, »Neudefinition«.

So ist in neueren Studien vom »Schreiben der Frauen« in der Renaissance die Rede statt von »Literatur«, weil es erforderlich ist, über die herkömmlichen Literaturgattungen hinauszugehen, in denen die Frauen kaum vertreten sind. Das Schwergewicht liegt heute daher auf »informellen Formen« des Schreibens, zum Beispiel auf privater Korrespondenz. Und da Frauen – wie Isabella d'Este – eher als Förderinnen der Renaissancekunst denn als Künstlerinnen bekannt sind, hat das Interesse an der Geschichte der Frauen den Schwerpunkt des Interesses von der Produktion zum Konsum verschoben (siehe S. 102 f.).[26]

Als Beispiel für diese neuartige Kulturgeschichte der Frauen kann Caroline Bynums Buch *Holy Feast and Holy Fast* (1987) gelten, eine Studie über die Nahrungssymbolik im Spätmittelalter und insbesondere über deren »Offenheit für religiöse Symbole«. Die Autorin stützt sich in beträchtlichem Maß auf Anthropologinnen und Anthropologen wie Mary Douglas, Jack Goody und Victor Turner. Sie behauptet, die Nahrung habe für Frauen größere symbolische Bedeutung besessen als für Männer. Gerade im Leben und Schreiben religiöser Frauen finde sich ein »obsessives und übermächtiges Interesse« daran. So dachten Frauen »Gott als Nahrung« und legten besonderes Ge-

---

26 Beispiele für diese Entwicklung sind Patricia Labalme (Hg.), *Beyond their Sex: Learned Women of the European Past*, New York 1980; Catherine King, *Renaissance Women Patrons*, Manchester 1988; Lorna Hutson (Hg.), *Feminism and Renaissance Studies*, Oxford 1999; Letitia Panizza und Sharon Wood (Hg.), *A History of Women's Writing in Italy*, Cambridge 2000.

wicht auf die Eucharistie. In ihrer Studie, die neuere Debatten über Anexorie aufgreift, aber sorgfältig jede Projektion heutiger Einstellungen auf die Vergangenheit vermeidet, beschreibt Bynum das Fasten von Frauen nicht als pathologische, sondern als bedeutungsvolle Erscheinung. Das Fasten sei nicht nur eine Form der Selbstkontrolle gewesen, sondern auch eine »Möglichkeit, Kritik an den Mächtigen zu üben und sie zu kontrollieren«.

Es könnte aufschlußreich sein, diese Buch einmal mit den der Religion gewidmeten Kapiteln in Huizingas Studie über das Spätmittelalter zu vergleichen. Bynum legt größeres Gewicht auf die Praxis und auf die Frauen. Sie nimmt auch eine positivere Haltung gegenüber dem Wuchern der Symbole ein, das Huizinga als Zeichen von Dekadenz wertet. In dieser Hinsicht bietet ihr Buch ein ausgezeichnetes Beispiel für die sogenannte »Neue Kulturgeschichte«, die wir im folgenden Kapitel behandeln wollen.

Viertes Kapitel
Ein neues Paradigma?

Im letzten Kapitel habe ich dargelegt, daß die Begegnung zwischen Historikern und Anthropologen in den 1970er und 1980er Jahren zu äußerst bedeutsamen Innovationen in der Kulturgeschichte führte. Die Einflüsse der Anthropologie im allgemeinen und von Clifford Geertz im besonderen sind heute noch spürbar, doch die sogenannte Neue Kulturgeschichte hat mehr als eine Inspirationsquelle. Sie ist eklektischer, und zwar sowohl auf kollektiver als auch auf individueller Ebene.

Der Ausdruck *New Cultural History* kam Ende der 1980er Jahre auf. Ein bekanntes, von der amerikanischen Historikerin Lynn Hunt 1989 herausgegebenes Buch trug diesen Titel, doch bei den darin versammelten Aufsätzen handelte es sich ursprünglich um Beiträge für eine 1987 an der University of California in Berkeley veranstaltete Tagung über »Französische Geschichte: Texte und Kultur«. Die »Neue Kulturgeschichte« ist die vorherrschende Form der heute praktizierten Kulturgeschichte – und manche behaupten, sogar der Geschichtswissenschaft schlechthin. Sie folgt einem neuen »Paradigma« in dem Sinne, den Thomas Kuhn in seinem Buch über die Struktur wissenschaftlicher »Revolutionen« dargelegt hat, also im Sinne einer »normalen« Praxis, aus der eine Forschungstradition hervorgeht.[1]

Das Adjektiv »neu« soll die Neue Kulturgeschichte von den oben besprochenen älteren Formen unterscheiden, ähnlich der französischen *nouvelle histoire* der 1970er Jahre, mit der sie vieles gemein hat. Die Kennzeichnung als Kulturgeschichte unter-

---

1 Thomas S. Kuhn, *The Structure of Scientific Revolutions*, Chicago 1962; dt.: *Die Struktur wissenschaftlicher Revolutionen*, Frankfurt am Main 1973, S. 22 f.

scheidet sie von der Geistesgeschichte und soll den Schwerpunkt auf Mentalitäten oder Gefühle statt auf Ideen oder Denksysteme legen. Der Unterschied zwischen beiden Ansätzen läßt sich vielleicht durch Jane Austins berühmte Unterscheidung zwischen »Sinn und Sinnlichkeit« verdeutlichen. Die ältere Schwester, die Geistesgeschichte, ist seriöser und präziser, die jüngere unbestimmter, aber auch phantasievoller.

Der Ausdruck »Kultur« dient auch zur Unterscheidung der Neuen Kulturgeschichte von einer weiteren Schwester, der Sozialgeschichte. Besonders deutlich zeigt sich dieser Wechsel des Ansatzes in der Geschichte der Städte. Als politische Geschichte oder »Stadtgeschichte« gibt es sie bereits seit dem 18. Jahrhundert oder noch länger. In den 1950er und 1960er Jahren trat die Wirtschafts- und Sozialgeschichte der Städte an deren Stelle. Die Kulturgeschichte der Städte ist noch jüngeren Datums, eine dritte Welle, die mit Carl Schorskes Buch *Fin-de-Siècle Vienna* (1979 – *Wien: Geist und Gesellschaft im Fin-de-siècle*) und späteren Studien sichtbar wurde. Schorske konzentriert sich noch auf die Hochkultur, stellt sie jedoch in einen städtischen Kontext. Andere Kulturhistoriker interessieren sich mehr für urbane Subkulturen, wobei vor allem die Großstadt als Bühne zahlreiche Möglichkeiten zur Selbstdarstellung oder sogar zur Neuerfindung des Selbst bietet.[2]

Der neue Stil in der Kulturgeschichte sollte als Reaktion auf die im dritten Kapitel beschriebenen Herausforderungen verstanden werden, auf die Erweiterung des Kulturbegriffs und den Aufstieg der sogenannten Kulturtheorie. So verdankt das oben genannte Buch von Caroline Bynum viel dem Werk feministischer Theoretikerinnen wie Julia Kristeva und Luce Irigaray, die Unterschiede zwischen dem weiblichen und dem männlichen Diskurs untersucht haben. Die Theorie kann als Reaktion auf

---

2 Thomas Bender und Carl E. Schorske (Hg.), *Budapest and New York: Studies in Metropolitan Transformation*, New York 1994; Robert B. St George (Hg.), *Possible Pasts: Bercoming Colonial in Early America*, Ithaca 2000.

Probleme wie auch als begriffliche Neufassung von Problemen verstanden werden. Einzelne Kulturtheorien haben außerdem das Bewußtsein der Historiker für neue (oder bislang nicht gesehen) Probleme geschärft oder auch ganz neue Probleme geschaffen.

Das Interesse an Theorie gehört zu den charakteristischen Merkmalen der Neuen Kulturgeschichte. So lösten die Vorstellungen des deutschen Philosophen und Soziologen Jürgen Habermas über die bürgerliche »Öffentlichkeit« im Frankreich und England des 18. Jahrhunderts eine Welle von Studien aus, die seine Ideen kritisierten, qualifizierten oder auch auf andere Länder, andere soziale Gruppen (z. B. die Frauen) und andere Tätigkeitsfelder wie Malerei oder Musik ausdehnten. Vor allem die Geschichte der Tageszeitungen hat sich als Reaktion auf die von Habermas aufgestellten Thesen entwickelt.[3]

Auch Jacques Derridas Idee des »Supplements«, der Bedeutung der Ränder für die Gestaltung des Zentrums, ist von Historikern auf diverse Kontexte übertragen worden. Die amerikanische Forscherin Joan Scott benutzt den Begriff, um den Aufstieg der Frauen in der Geschichtswissenschaft zu beschreiben: Die »Frauen werden der Geschichte hinzugefügt« und zugleich geben sie »Anlaß, die Geschichte umzuschreiben« (wie im dritten Kapitel am Beispiel der Renaissance-Frauen besprochen). Und ganz ähnlich heißt es in einer Studie über europäische Hexen, in der frühen Neuzeit, als die Menschen sich von Hexen bedroht fühlten, sei das Glaubenssystem gerade von dem Element abhängig gewesen, das es auszuschließen suchte.[4]

3 Zu dieser Debatte siehe Craig Calhoun (Hg.), *Habermas and the Public Sphere*, Cambridge (Ma.) 1992. Vgl. Joan Landes, *Women in the Public Sphere in the Age of the French Revolution*, Ithaca 1988; Thomas F. Crow, *Painters and Public Life in Eighteenth-Century Paris*, Princeton 1985; Brendan Dooley und Sabrina Baron (Hg.), *The Politics of Information in Early Modern Europe*, London 2001.

4 Joan Scott, »Women's History«, in: Peter Burke (Hg.), *New Perspectives on Historical Writing*, 2. Ausg. Cambridge 2001, S. 43-70, hier S. 50 f.; Stuart Clark, *Thinking with Demons*, Oxford 1997, S. 143.

Vier Theoretiker

Im folgenden Abschnitt wollen wir uns mit vier Theoretikern befassen, deren Werk besondere Bedeutung für die Vertreter der Neuen Kulturgeschichte besitzt: Michail Bachtin, Norbert Elias, Michel Foucault und Pierre Bourdieu. Ich werde einige ihrer Schlüsselideen kurz zusammenfassen, bevor ich darlege, in welcher Weise man in der Neuen Kulturgeschichte davon Gebrauch machte. Bachtin war ein Sprach- und Literaturtheoretiker, dessen Erkenntnisse auch für die visuelle Kultur von Bedeutung sind, während die drei übrigen Gesellschaftstheoretiker waren und zu einer Zeit arbeiteten, als die Grenzen zwischen Gesellschaft und Kultur sich aufzulösen schienen (siehe S. 45 f.). Ich bespreche diese Theoretiker hier nicht, um die Leser zu bewegen, deren Ideen zu akzeptieren und auf die Vergangenheit anzuwenden, sondern um sie dazu zu ermuntern, die Theorien zu erproben und dabei neue historische Themen zu erkunden oder alte begrifflich neu zu fassen.

Michail Bachtins Stimmen

Michail Bachtin, einer der originellsten Kulturhistoriker des 20. Jahrhunderts, wurde von Historikern außerhalb Rußlands erst nach der Übersetzung seines Buchs über *Rabelais und seine Welt* (1965) entdeckt. In Rußland selbst gehörte er zu den Inspiratoren der sogenannten Tarta-Schule der Semiotik, zu der auch Juri Lotman zählte (siehe oben S. 55 f.). Die in dem Buch über Rabelais benutzten Grundkonzepte – z. B. »Karnevalisierung«, »Entkrönung«, »die Sprache des Marktplatzes« oder »grotesker Realismus« – sind in der Neuen Kulturgeschichte so oft verwendet worden, daß wir gar nicht mehr wissen, wie wir jemals ohne sie auskommen konnten.

In einer neuen und erhellenden Herangehensweise an die Geschichte der Reformation in Deutschland und deren Auswirkungen auf die Volkskultur der Zeit machte Bob Scribner zum

Beispiel Gebrauch von Bachtins Arbeit über den Karneval und über Rituale der Entsakralisierung. So schreibt er etwa, die Reformatoren hätten Spottprozessionen veranstaltet, um den einfachen Leuten auf dramatische Weise klarzumachen, daß die katholischen Bilder und Reliquien ganz wirkungslos seien.

Aus dem Frankreich des 16. Jahrhunderts wanderten solche Vorstellungen ins England des 18. Jahrhunderts und aus der Literaturgeschichte in die Kunstgeschichte (zum Beispiel in Studien über Brueghel oder Goya). Bachtins Auffassung vom subversiven Charakter der »niederen« Kultur und deren Eindringen in die »Hochkultur« – zum Beispiel des Gelächters der einfachen Leute – steht oder stand zumindest in der Gefahr, zu einer neuen Orthodoxie zu entarten und kritiklos übernommen zu werden.[5]

Bachtins ebenso interessante Ideen zu den Redegattungen und den verschiedenen Stimmen, die in ein und demselben Text zu hören sind – er sprach hier von »Polyphonie«, »Polyglossie« bzw. »Heteroglossie« – fanden dagegen außerhalb der literarischen Welt nur relativ wenig Aufmerksamkeit. Das ist schade, denn es wäre sicher erhellend, wenn man etwa den Karneval als Ausdruck verschiedener – ausgelassener und aggressiver, hoher und tiefer, männlicher und weiblicher – Stimmen verstünde statt ihn allein als Ausdruck einer subversiven Volkskultur zu begreifen.

In einer Zeit, in der die Vorstellung eines festen oder einheitlichen Selbst in Frage gestellt wird, ist außerdem die Idee der Heteroglossie offensichtlich von Bedeutung für die Erforschung der von manchen Historikern so genannten »Ich-Dokumente«, also von Texten, die in der ersten Person geschrieben sind. Ein

---

5 Michail Bachtin, *Rabelais und seine Welt*, Frankfurt am Main 1987; ders. (Mikhail Bakhtin), *The Dialogic Imagination*, Manchester 1981; Robert W. Scribner, *Popular Culture and Popular Movements in Reformation Germany*, London 1987, S. 95-97; Peter Burke, »Bakhtin for Historians«, *Social History* 13 (1988), S. 85-90.

Tagebuch, das Auszüge aus Zeitungen, oder ein Reisetagebuch, das Passagen aus Reiseführern enthält, ist eindeutig ein Beispiel für die Koexistenz oder gar den Dialog verschiedener Stimmen.

Die Zivilisation des Norbert Elias

Norbert Elias war ein Soziologe, der sich sein Leben lang für Geschichte und für »Kultur« (Literatur, Musik, Philosophie usw.) wie auch für »Zivilisation« (die Kunst des alltäglichen Lebens) interessierte. Sein im ersten Kapitel angesprochenes Buch *Über den Prozeß der Zivilisation* (1939) war ein Beitrag zur Sozialgeschichte und zur allgemeinen Geschichte.

Zu den zentralen Begriffen dieser Studie gehören die der Schamgrenze und der Peinlichkeitsschwelle. Nach Elias wurden diese beiden Schwellen im Laufe des 17. und 18. Jahrhunderts schrittweise angehoben, so daß immer mehr Verhaltensweisen aus der höflichen Gesellschaft ausgeschlossen wurden. Ein weiteres Grundkonzept ist das des »sozialen Zwangs nach Selbstzwang«. Und schließlich gibt es bei ihm noch einen äußeren Ring von Konzepten, zum Beispiel »Konkurrenz«, »Habitus«, ein Begriff, den Bourdieu später berühmte machte (siehe S. 84 ff.), und »Figuration«, das ständig wechselnde Muster der zwischenmenschlichen Beziehungen, die Elias mit einem Tanz verglich.

Als das Buch 1939 in der Schweiz erschien, stieß es nur auf geringes Interesse, doch ab den 1960er Jahren entfaltete es zunehmend Einfluß auf historische Anthropologen wie Anton Blok, auf Kulturhistoriker wie Roger Chartier und sogar auf Kunst- und Wissenschaftshistoriker. Die immer häufigere Verwendung des Ausdrucks »civility« in den Werken englischsprachiger Historiker ist ein Zeichen dafür, daß man sich dort der Bedeutung von Elias zunehmend bewußt ist, auch wenn das tatsächliche Wissen über sein Werk sich meist auf seine Studien über den Hof und die Tischsitten beschränkt, während seine Arbeiten über den Sport, die Zeit oder den Gegensatz zwischen Etablierten und Außenseitern weitgehend unbekannt geblieben sind.

Der Prozeß der Zivilisation ist oft kritisiert worden, zum Beispiel weil das Mittelalter darin kaum vorkomme, weil es zu wenig über Italien oder über Sexualität sage und weil es den Einfluß der Höfe überschätze, den der Städte dagegen unterschätze. Auch die Tatsache, daß der Autor »Zivilisation« offenbar für ein fundamental westliches Phänomen hält, ist heftig kritisiert worden. Die Reaktion der Kulturhistoriker auf die von Elias vorgetragenen Ideen könnte man so zusammenfassen: Sie stehen seiner Interpretation der Geschichte oft kritisch gegenüber, doch seine Gesellschafts- und Kulturtheorie glauben sie gut für ihre eigene Arbeit gebrauchen zu können.

Michel Foucaults Regime
Während Elias die Selbstkontrolle betonte, legte Foucault das Schwergewicht auf die Kontrolle über das Selbst, vor allem die Kontrolle unseres Körpers durch staatliche oder kirchliche Instanzen. Foucault – ein Philosoph, der sich zunächst der Geschichte und dann von der Geistesgeschichte der Sozialgeschichte zuwandte – gewann seine Reputation durch eine Reihe von Büchern zur Geschichte des Wahnsinns, der Klinik, der Wissenssysteme, des Überwachens und der Sexualität.[6] Innerhalb der Neuen Kulturgeschichte waren und sind drei der von ihm vorgetragenen Ideen besonders einflußreich.

Erstens war Foucault ein scharfer Kritiker der teleologischen Interpretation der Geschichte im Sinne eines Fortschritts, einer Evolution oder eines Aufstiegs der Freiheit und des Individualismus, wie sie von Hegel und anderen Philosophen des 19. Jahrhunderts vertreten worden war und in der alltäglichen Praxis

---

6 Michel Foucault, *Histoire de la folie*, Paris 1961; dt.: *Wahnsinn und Gesellschaft*, Frankfurt am Main 1973; ders., *Les mots et les choses*, Paris 1966; dt.: *Die Ordnung der Dinge*, Frankfurt am Main 1974; ders., *Surveiller et punir*, Paris 1975; dt.: *Überwachen und Strafen*, Frankfurt am Main 1976; ders., *Histoire de la sexualité*, 3 Bde., Paris 1976-1984; dt.: *Sexualität und Wahrheit*, 3 Bde., Frankfurt am Main 1977-1986. Zu einer Beurteilung siehe David C. Hoy (Hg.), *Foucault: A Critical Reader*, Oxford 1986.

der Historiker häufig als gegeben unterstellt wird. Sein »genealogischer« Ansatz – den Begriff der Genealogie übernahm er von Nietzsche – betonte dagegen eher die Wirkung von »Zufällen«, statt der Entwicklung von Ideen nachzugehen oder die Ursprünge des aktuellen Systems zu erforschen.

Foucault betonte auch die kulturellen Diskontinuitäten oder »Brüche«, zum Beispiel die Veränderung des Verhältnisses zwischen Worten und Dingen um die Mitte des 17. Jahrhunderts oder die »Erfindung« des Wahnsinns im 17. und der Sexualität im 19. Jahrhundert. In all diesen Fällen trat in relativ kurzer Zeit ein neues »Paradigma« im Kuhn'schen Sinne an die Stelle eines alten. Die Betonung kultureller Konstruktion in den jüngeren Beiträgen zur Neuen Kulturgeschichte, von der weiter unten noch die Rede sein wird, verdankt Foucault sehr viel.

Zweitens verstand Foucault Klassifikationssysteme, »Episteme« oder »Wahrheitsregime«, wie er sie nannte, als Ausdruck einer bestimmten Kultur und zugleich als Kräfte, welche diese Kultur formen. Er bezeichnete sich selbst als »Archäologen«, weil er meinte, der Historiker bleibe in seiner Arbeit an der Oberfläche, es sei aber nötig, tiefer zu graben, um die geistigen Strukturen oder, wie er sie nannte, die »Netzwerke« (*réseaux*) und Gitter (*grilles*) zu erreichen. Wie der Begriff des geistigen »Filters«, so soll auch der Begriff des Gitters verdeutlichen, daß Strukturen manche Informationen zulassen und die übrigen ausschließen.

Als Foucault auf den Lehrstuhl für die »Geschichte der Denksysteme« am Collège de France berufen wurde, bezeichnete er in seiner Antrittsvorlesung *L'Ordre du discours* (1971 – *Die Ordnung des Diskurses*) als Ziel seiner Arbeit die Erforschung der Kontrolle über das Denken, darunter der Mittel und Wege, über die man bestimmte Ideen oder Themen aus dem intellektuellen System ausschließt. Drei seiner wichtigsten Studien befassen sich mit der Ausschließung bestimmter Gruppen (der Irren, der Kriminellen und der sexuell Abweichenden) aus der geistigen und sozialen Ordnung, die man von ihnen bedroht glaubte.

In *Les mots et les choses* (1966 – *Die Ordnung der Dinge*) befaßte er sich dagegen mit den Kategorien und Prinzipien, die den »Diskursen« einer Zeit, in diesem Fall des 17. und 18. Jahrhunderts, zugrunde lagen und sie organisierten, wobei er unter »Diskurs« all das verstand, was in einer Zeit gedacht, gesagt und geschrieben werden konnte. In diesem Buch vertrat Foucault die These, nicht individuelle Autoren, sondern diese kollektiven Diskurse bildeten den eigentlichen Forschungsgegenstand, womit er manche Leser schockierte, andere jedoch inspirierte. So gehörte Foucaults Diskursbegriff zu den wichtigsten Anregungen für Saids Buch über den Orientalismus (siehe S. 71 f.). Für alle, die sich gerne als Anhänger Foucaults sähen, birgt dieser zentrale Begriff des Diskurses jedoch das Problem, daß er wie Kuhns »Paradigma« und Marx' Klassenbegriff mehrdeutig ist. Krude ausgedrückt: Wie viele Diskurse gab es im Frankreich des 18. Jahrhunderts? Drei, dreißig oder dreihundert?

Drittens schrieb Foucault eine Geistesgeschichte, die Theorie und Praxis, Körper und Geist gleichermaßen umfaßte. Sein Praxisbegriff ist verbunden mit einer Betonung der »Mikrophysik« der Macht, also der Politik auf Mikroebene. »Diskurspraktiken« konstruieren oder bilden die Gegenstände, über die gesprochen wird, und letztlich Kultur oder Gesellschaft als ganze, während »der Blick« (*le regard*) Ausdruck der modernen »Disziplingesellschaft« ist.

In *Surveiller et punir* (1975 – *Überwachen und Strafen*) zeigte der Autor eine Reihe von Parallelen zwischen Gefängnissen, Schulen, Fabriken, Krankenhäusern und Kasernen auf, in denen er sämtlich Institutionen zur Produktion »gefügiger Körper« erblickte. So ermöglichte die räumliche Organisation des Klassenzimmers, des Exerzierfeldes oder der Werkstatt eine Kontrolle durch Überwachung. In einer berühmten Passage beschrieb Foucault den im 19. Jahrhundert entstandenen Entwurf

Jeremy Benthams für ein ideales Gefängnis, das sogenannte »Panopticon«, das so gebaut war, daß die Aufseher alles überblicken konnten, ohne selbst gesehen zu werden.

Die Nutzanwendungen Pierre Bourdieus

Anders als Elias und Foucault schrieb Pierre Bourdieu, ein Philosoph, der sich der Anthropologie und Soziologie zuwandte, selbst keine Geschichte, obwohl er über gute geschichtliche Kenntnisse verfügte und viele scharfsinnige Beobachtungen zur Geschichte Frankreichs im 19. Jahrhundert beisteuerte. Die Begriffe und Theorien, die er in seinen Studien zunächst über die Berber und dann über die Franzosen entwickelte, erlangten jedoch große Bedeutung für Kulturhistoriker, zum Beispiel der Begriff des »Feldes«, die Theorie der Praxis, die Idee einer kulturellen Reproduktion und der Begriff der *distinction*.[7]

Bourdieus Begriff des – literarischen, linguistischen, künstlerischen, geistigen, wissenschaftlichen – Feldes (*champ*) bezieht sich auf einen autonomen Bereich, der innerhalb einer Kultur zu einer bestimmten Zeit Unabhängigkeit erlangt und seine eigenen kulturellen Konventionen hervorbringt. Bisher hat die Idee des kulturellen Feldes nicht viele Historiker angezogen, obwohl Forscher, die sich mit der französischen Literatur und dem Aufstieg der Intellektuellen befassen, das Konzept als erhellend empfinden.

Einflußreicher war da schon Bourdieus Theorie dessen, was er »kulturelle Reproduktion« nannte. Damit ist der Prozeß gemeint, durch den eine Gruppe wie die französische Bourgeoisie ihre gesellschaftliche Stellung über ein Bildungssystem sichert, das autonom und unparteiisch zu sein scheint, aber in Wirklich-

---

7 Pierre Bourdieu, *Esquisse d'une théorie de la pratique*, Paris 1972; dt.: *Entwurf einer Theorie der Praxis*, Frankfurt am Main 1979; ders. *La Distinction*, Paris 1979; dt.: *Die feinen Unterschiede. Kritik der gesellschaftlichen Urteilskraft*, Frankfurt am Main 1982. Über Bourdieu: David Schwartz, *Culture and Power, The Sociology of Pierre Bourdieu*, Chicago 1997.

keit den Zugang zur höheren Bildung von Eigenschaften abhängig macht, die den Mitgliedern dieser sozialen Gruppe
durch Geburt zufallen.

Ein weiterer wichtiger Beitrag Bourdieus ist seine »Theorie
der Praxis«, vor allem der Begriff des »Habitus«. Da ihm die Idee
der sozialen Regeln im Werk von Strukturalisten wie Lévi-
Strauss als zu starr erschien, untersuchte er die Alltagspraxis als
beständige Improvisation im Rahmen von Schemata, welche
die Kultur sowohl dem Geist als auch dem Körper aufprägt (er
sprach von einem *schéma corporel* und einem *schéma de pensée*).
Den Ausdruck »Habitus« übernahm er von dem Kunsthistoriker Erwin Panofsky (der ihn wiederum von den scholastischen
Philosophen übernommen hatte), um diese Improvisationsfä-
higkeit zu charakterisieren.[8] In Frankreich zum Beispiel fällt der
bürgerliche Habitus nach Bourdieu mit den Eigenschaften zusammen, die im höheren Bildungswesen prämiert und bevor-
zugt werden. Aus diesem Grund haben die Kinder aus der Bourgeoisie in den Prüfungen größeren Erfolg, und diese Tatsache
erscheint dann als ganz »natürlich«.

Aus der Ökonomie übernahm Bourdieu eine wichtige Metapher, mit deren Hilfe er die Kultur über Begriffe wie Ware, Produktion, Markt, Kapital und Investition analysierte. »Kulturelles Kapital« und »symbolisches Kapital«, beide Redewendungen
stammen von Bourdieu, sind in den alltäglichen Sprachgebrauch von Soziologen, Anthropologen und zumindest mancher Historiker eingegangen.

Bourdieu benutzte auch den militärischen Begriff der »Strategie«, und zwar nicht nur in seiner Analyse des bäuerlichen
Heiratens, sondern auch bei der Erforschung der Kultur. Wenn
die Bourgeoisie ihr kulturelles Kapital nicht möglichst nutz-
bringend investiert, setzt sie Strategien der *distinction* ein und

8 So sagte es mir Bourdieu selbst in einem Gespräch um 1982. Man hat darauf
  hingewiesen, daß auch Leibniz den Begriff des Habitus verwandte, dessen
  Philosophie Bourdieu an der École normale studiert hat.

benutzt zum Beispiel die Musik von Bach oder Strawinski, um sich von den, wie sie meint, »unter ihr stehenden« Gruppen zu unterscheiden. In Bourdieus Augen liegt die soziale Identität im Unterschied, und der Unterschied wird gegen die am nächsten Stehenden verteidigt, weil sie die größte Bedrohung darstellen.

Wie bei Elias, so haben auch bei Bourdieu nicht die relativ abstrakten Theorien des Feldes und der kulturellen Reproduktion den größten Anklang bei Kulturhistorikern gefunden, sondern seine scharfsinnigen Beobachtungen zu den bürgerlichen Lebensstilen, insbesondere das Streben nach *distinction*. Doch auch die allgemeine Theorie hat Historikern in ihren Bemühungen um Analyse und Beschreibung etwas zu bieten. Man hat dieser Theorie vorgeworfen, sie sei zu deterministisch oder reduktionistisch, doch sie zwingt uns, unsere Annahmen hinsichtlich der Tradition wie auch hinsichtlich des kulturellen Wandels zu überdenken.

Gemeinsam haben die vier genannten Theoretiker die Kulturhistoriker dazu ermutigt, sich sowohl mit Darstellungen als auch mit Praxisformen zu befassen, den beiden charakteristischen Merkmalen der Neuen Kulturgeschichte, wie einer ihrer führenden Vertreter, Roger Chartier, meint.

Praxis

»Praxis« ist eines der Schlagwörter der Neuen Kulturgeschichte: Geschichte der religiösen Praxis statt Theologie, Geschichte des Sprechens statt Geschichte der Sprache, Geschichte des Experiments statt Geschichte der wissenschaftlichen Theorie. Dank dieser Hinwendung zur Praxis ist etwa die einst den Amateuren überlassen Geschichte des Sports zu einem eigenständigen Fachgebiet professionalisiert worden, das über eigene Fachzeitschriften wie das *International Journal for the History of Sport* verfügt.

Es mag paradox erscheinen, daß ausgerechnet die Geschichte der Praxisformen zu den Bereichen der neueren geschichtswissenschaftlichen Forschung gehört, die am stärksten von der Gesellschafts- und Kulturtheorie beeinflußt worden sind. Im Blick auf Praktiken befindet sich Norbert Elias, dessen Interesse für die Geschichte der Tischsitten einst als exzentrisch galt, heute mitten im Mainstream. Bourdieus Arbeiten über *dinstinction* haben zahlreiche Studien zur Geschichte des Konsums angeregt, während Foucaults Idee der Disziplinargesellschaft, in der neue Praktiken zur Sicherung des Gehorsams eingesetzt wurden, in verschiedenen Studien auch auf andere Teile der Welt übertragen worden ist.

So stützt Timothy Mitchell sich in *Colonizing Egypt* (1988) bei seiner Darstellung der kulturellen Folgen der Kolonisierung des Landes im 19. Jahrhundert sowohl auf Foucault als auch auf Derrida. Von Foucault hat Mitchell gelernt, auf den europäischen »Blick« zu achten, nach parallelen Entwicklungen in so unterschiedlichen Bereichen wie Armee und Schule zu suchen und in beiden Fällen besonderes Augenmerk auf die Disziplin zu legen. Von Derrida stammt die Idee der Bedeutung als »Spiel der Differenz«, die eine zentrale Rolle in einem Kapitel über die Auswirkungen des um 1800 eingeführten Buchdrucks auf die Praxis des Schreibens spielt.

Die Geschichte der Sprache, oder genauer des Sprechens, ist ein weiteres Feld, auf dem eine Kulturgeschichte der Praxis die Soziolingusitik zu kolonisieren oder eher noch mit Soziolinguisten gemeinsame Sache zu machen beginnt, die es für notwendig erachten, ihre Erforschung der Sprache um eine geschichtliche Dimension zu erweitern. Die höfliche Rede ist eines der Gebiete, die das Interesse von Kulturhistorikern geweckt hat, und noch mehr Aufmerksamkeit fand die beleidigende Rede.[9]

Religionshistoriker interessieren sich schon seit langem für

9 Peter Burke und Roy Porter (Hg.), *The Social History of Language*, Oxford 1978.

die religiöse Praxis, doch die wachsende Zahl an Studien über Meditation und Wallfahrten (im hinduistischen, buddhistischen, christlichen oder muslimischen Bereich) legt den Gedanken nahe, daß es hier zu einer Verschiebung der Gewichte gekommen ist. So hat Ruth Harris die Wallfahrten nach Lourdes in den politischen Kontext einer nationalen Bußbewegung gerückt, die ihren Anfang in den 1870er Jahren als Reaktion auf die Niederlage im Deutsch-Französischen Krieg von 1870-1871 nahm. Unter dem Einfluß von Anthropologen wie Victor Turner (siehe S. 57) untersucht man Wallfahrten nun als Initiationsrituale und als Grenzphänomene. Danach bewegen die Teilnehmer einer Wallfahrt sich gleichsam an der Grenze zwischen ihrer Alltagswelt und jener Welt, zu der sie Zugang suchen. Sie geben ihre normalen sozialen Rollen und ihren gesellschaftlichen Status auf, um mit der Gemeinschaft der Pilger zu verschmelzen.[10]

Die Geschichte des Reisens ist ein weiteres Beispiel für die Geschichte einer Praxis, die gegenwärtig einen Boom erlebt, wie man an der Gründung des *Journal of Travel Research* oder anderer Fachzeitschriften und an der wachsenden Zahl von Monographien und Sammelwerken erkennen kann. Manche dieser Studien befassen sich mit der Kunst des Reisens, also gleichsam mit den Spielregeln. Abhandlungen zu diesem Thema erschienen in Europa bereits seit dem späten 16. Jahrhundert. Sie rieten den Lesern zum Beispiel, Inschriften in Kirchen und auf Grabsteinen abzuschreiben oder sich mit der Regierungsform sowie den Sitten und Gebräuchen der von ihnen besuchten Orte vertraut zu machen.[11]

Die Geschichte der Praxisformen hat auch Auswirkungen auf

10 Ruth Harris, *Lourdes: Body and Spirit in a Secular Age*, London 1999; Victor Turner and Edith Turner, *Image and Pilgrimage in Western Culture*, Oxford 1978.
11 Jas Elsner und Joan-Pau Rubiès (Hg.), *Voyages and Visions: Towards a Cultural History of Travel*, London 1999.

vergleichsweise traditionelle Bereiche der Kulturgeschichte wie die Erforschung der Renaissance. So wurde der Humanismus früher über die zentralen Ideen der Humanisten definiert, etwa ihren Glauben an die »Würde des Menschen«. Heute definiert man ihn eher als Cluster von Aktivitäten wie dem Kopieren von Inschriften, dem Versuch, im Stile Ciceros zu schreiben und zu sprechen, der Reinigung antiker Texte von korrupten Stellen, die durch Generationen von Kopisten hineingeraten sind, oder der Sammlung antiker Münzen.

Das Sammeln ist eine Form der Geschichte von Praktiken, die sowohl Kunst- und Wissenschaftshistoriker als auch Museumsleute anspricht. Das *Journal of the History of Collections* wurde 1989 gegründet, und im selben Jahrzehnt erschienen auch zahlreiche Studien über »Kuriositätenkabinette«, Museen und Kunstgalerien. Der Schwerpunkt lag dabei auf der sogenannten »Kultur des Sammelns«. Die Forscher untersuchten, was gesammelt wurde (Münzen, Muscheln usw.), die Philosophie oder Psychologie des Sammelns, die Organisation der Sammlungen, deren Grundkategorien (die der Praxis zugrunde gelegte Theorie) und die Zugänglichkeit der Sammlungen, wobei die Sammlungen sich bis zur Französischen Revolution überwiegend in privater Hand befanden, während seither immer mehr öffentliche Sammlungen entstanden sind.[12]

Zur Illustration dieses Bereichs dürfte es sinnvoll sein, den Westen zu verlassen und einmal auf das China der Ming-Dynastie zu blicken, wie Craig Clunas es in seinem Buch *Superfluous Things* (1991) getan hat. Der Titel der Studie verweist auf die *Abhandlung über überflüssige Dinge*, die der chinesische Gelehrte Wen Zhengheng im 17. Jahrhundert geschrieben hat. Der entscheidende Gedanke liegt in der Feststellung, daß jemand, der sich mit überflüssigen Dingen beschäftigen kann, offenbar

---

12 Jas Elsner und Roger Cardinal (Hg.), *The Cultures of Collecting*, London 1994.

nicht gezwungen ist, sich um das Notwendige zu kümmern, also einer Elite oder *leisure class* angehört.

Wens Abhandlung ist Teil einer chinesischen Tradition von Büchern für Kunstkenner, in denen etwa die Frage behandelt wird, wie man echte Antiquitäten von falschen unterscheidet oder wie man Geschmacklosigkeiten vermeidet (zum Beispiel Tische, die mit hölzernen Drachen verziert sind). An Bourdieu anknüpfend, erklärt Clunas: »Mit dem ständig betonten Unterschied zwischen Dingen meint die Abhandlung nicht mehr und nicht weniger als den Unterschied zwischen den Menschen, die diese Dinge konsumieren«, vor allem den Unterschied zwischen dem Gelehrtenadel und den Neureichen.

Die Hinwendung zur Alltagspraxis zeigt sich noch deutlicher in der Wissenschaftsgeschichte, die bisher als Zweig der Geistesgeschichte galt, sich aber heute eher mit der Bedeutung von Tätigkeiten wie dem Experimentieren befaßt. Dadurch verschiebt sich die Aufmerksamkeit von heroischen Individuen und deren Ideen hin zu den veränderlichen Methoden der von Kuhn sogenannten »normalen Wissenschaft«, so daß nun auch die Beiträge der Instrumentenbauer und der Laborassistenten, die in Wirklichkeit die Experimente durchführten, einen Platz in der Geschichte finden.[13]

Die Geschichte des Lesens

Eines der beliebtesten Gebiete innerhalb der Geschichte der Praktiken ist die Geschichte des Lesens, die einerseits gegenüber der Geschichte des Schreibens, andererseits gegenüber der früheren Geschichte des Buches (des Buchhandels, der Zensur usw.) abgegrenzt wird. Der neuen Konzentration auf die Rolle des Lesers, auf Veränderungen der Lesepraxis und auf die »kulturellen Gebrauchsweisen« von Druckerzeugnissen liegt die Kulturtheorie Michel de Certeaus zugrunde (siehe S. 114 ff.).

13 Steven Shapin und Simon Schaffer, *Leviathan and the Air-Pump*, Princeton 1985.

Historiker des Lesens wie Roger Chartier gingen ursprünglich ähnlich vor wie die Literaturkritiker, die sich an der »Rezeption« literarischer Werke orientierten, doch nach einigen Jahren nahmen die beiden Gruppen dann auch Notiz voneinander.[14]

Einen beliebten Forschungsgegenstand bilden auch die Reaktionen der Leser. Sie werden über die Auswertung von Randbemerkungen oder Unterstreichungen oder auf anderem Wege erfaßt, zum Beispiel über die Auswertung von Verhörprotokollen der Inquisition wie im Falle des von Ginzburg beschriebenen Müllers Menocchio (siehe S. 68 f.). Robert Darnton hat zahlreiche Briefe analysiert, die Jean-Jacques Rousseau nach der Publikation seines Romans *La Nouvelle Héloise* von Lesern erhielt. Dieses frühe Beispiel für die heute sogenannte Fan-Post ist voller Hinweise auf die bei der Lektüre des Romans vergossenen Tränen.

Es gibt auch zahlreiche Studien über Leserinnen und deren Vorlieben. John Brewer hat das – siebzehn Bände umfassende – Tagebuch der Engländerin Anna Margaretta Larpent analysiert, die im 18. Jahrhundert lebte und offenbar eine »Vorliebe für Autorinnen und Bücher mit weiblichen Protagonisten« besaß. Man hat die These vertreten, der im 18. Jahrhundert zu verzeichnende Bedeutungszuwachs einer Geschichte der Sitten und Gebräuche und einer »Geschichte der Gesellschaft« einschließlich der Geschichte der Frauen auf Kosten der politischen und militärischen Geschichte sei zum Teil eine Reaktion auf den wachsenden Anteil der Frauen an der Leserschaft gewesen.

Zu den aktuellen Themen, Interessen und Debatten innerhalb der westlichen Geschichte des Lesens gehören drei Verän-

---

14 Roger Chartier, *The Cultural Uses of Print in Early Modern France*, Princeton 1987; ders. und Guglielmo Cavallo, *Storia della lettura nell mondo occidentale*, Rom 1995; dt.: *Die Welt des Lesens*, Frankfurt am Main 1999. Hans-Robert Jauß, *Ästhetische Erfahrung und literarische Hermeneutik*, Frankfurt am Main 1982; Wolfgang Iser, *Der Akt des Lesens*, München 1976.

derungen oder Verschiebungen: vom lauten zum stummen Lesen; vom öffentlichen zum privaten Lesen; und vom langsamen oder intensiven zum schnellen oder »extensiven« Lesen, der sogenannten »Leserevolution« des 18. Jahrhunderts.

Als die wachsende Zahl der Bücher es dem einzelnen unmöglich machte, auch nur einen geringen Teil der Gesamtproduktion zu lesen, hätten die Leser, so wird behauptet, neue Taktiken erfunden, etwa indem sie den Text überflogen, Teile ausließen und das Inhaltsverzeichnis oder das Register konsultierten, um möglichst viele Informationen aus einem Buch zu ziehen, ohne es von Anfang bis Ende durchlesen zu müssen. Die Behauptung, es habe sich um einen plötzlichen Wandel gehandelt, ist wahrscheinlich übertrieben. Eher ist anzunehmen, daß die Leser je nach Buch und Anlaß der Lektüre zwischen den verschiedenen Lesestilen wechselten.[15]

Daß die Jahre um 1800 dennoch zumindest in Deutschland einen Wendepunkt in der Geschichte des Lesens darstellten, behauptet eine äußerst originelle Studie, die unter anderem Veränderungen der Beleuchtung, des Mobiliars und der Tageseinteilung untersucht (die nun durch eine deutlichere Unterscheidung zwischen Arbeits- und Mußestunden geprägt war). Außerdem verweist die Studie auf die Entstehung einer einfühlsameren Art zu lesen, vor allem wenn es um schöngeistige Literatur ging.[16]

Historiker Ostasiens und Historiker des 20. Jahrhunderts wenden sich heute ebenfalls der Geschichte des Lesens zu und übertragen den Ansatz zum Beispiel auf japanische Schriftsysteme und literarische Gattungen oder auch auf die Folgen

---

15 Robert Darnton, »Readers respond to Rousseau«, in: ders., *The Great Cat Massacre*, New York 1984; dt.: »Leser reagieren auf Rousseau«, in: ders., *Das große Katzenmassaker*, München 1989, S. 245-290. James Raven, Helen Small und Naomi Tadmor (Hg.), *The Practice and Representation of Reading in England*, Cambridge 1996 (der Aufsatz von John Brewer S. 226-245).

16 Erich Schön, *Der Verlust der Sinnlichkeit oder Die Verwandlungen des Lesers. Mentalitätswandel um 1800*, Stuttgart 1987.

des wachsenden Buchmarkts für das russische System der Buchproduktion in den 1990er Jahren.[17]

Darstellungen

Foucault warf den Historikern einmal vor, ihr verkürztes Realitätsverständnis lasse keinen Raum für die Phantasie der Menschen. Seither hat eine ganze Reihe französischer Historiker auf diese Provokation reagiert. Ein berühmtes Beispiel für diese Art von Geschichte ist das Buch *Les trois ordres* (1978 *Die drei Ordnungen. Das Weltbild des Feudalismus*) des französischen Historikers Georges Duby. Darin untersucht er die Umstände der Entstehung der berühmten mittelalterlichen Vorstellung, wonach die Gesellschaft sich aus »drei Ständen« zusammensetzte: aus denen, die beten; denen, die kämpfen; und denen, die arbeiten (oder pflügen), also aus dem Klerus, dem Adel und dem »dritten Stand«. Für Duby ist dieses Bild keine bloße Spiegelung der mittelalterlichen Sozialstruktur, sondern eine Darstellung, der die Kraft innewohnte, die Realität, die sie zu spiegeln schien, auch zu verändern.

Ein weiterer Beitrag zur Geschichte des von den Franzosen so genannten *imaginaire social* (der sozialen Vorstellungswelt, und zwar jeglicher Vorstellungen und nicht nur der Phantasie) ist Jacques Le Goffs *La naissance du purgatoire* (1981 – *Die Geburt des Fegefeuers*). Darin erklärt Le Goff den Aufstieg der Fegefeuer-Vorstellung im Mittelalter, indem er sie in einen Zusammenhang mit den veränderten Vorstellungen von Zeit und Raum bringt. Le Goff gehört auch zu den Historikern, die Anfang der 1970er Jahre die Geschichte der Träume begründete,

17 Peter Kornicki, *The Book in Japan: A Cultural History from the Beginnings to the Nineteenth Century*, Leiden 1998; Stephen Lovell, *The Russian Reading Revolution: Print Culture in the Soviet and Post-Soviet Eras*, Basingstoke 2000.

angeregt durch die Arbeiten von Soziologen und Anthropologen zu diesem Thema.[18] Auch Studien über Visionen und Geister verdanken ihre Entstehung dem neuen Interesse an der aktiven Rolle der Phantasie, die besonders gerne mit der schöpferischen Kombination diverser Elemente aus Gemälden, Geschichten und Ritualen arbeitet.[19]

Im Englischen dagegen hat sich der Ausdruck *history of the imagination* noch nicht eingebürgert, trotz des Erfolges, den Benedict Anderson 1983 mit seiner Studie über Nationen als »vorgestellte Gemeinschaften« verzeichnen konnte (siehe S. 122 f.). Eine geläufigere Bezeichnung ist *history of representations* (Geschichte der Darstellungen).

In den letzten zwei oder drei Jahrzehnten sind so viele Formen literarischer, visueller oder mentaler Darstellung untersucht worden, daß allein deren Liste diesen Abschnitt zu einem ganzen Kapitel anschwellen ließe. Es gibt Geschichten der Naturdarstellungen wie *Man and the Natural World* (1983) von Keith Thomas, der dem Einstellungswandel in England von 1500 bis 1800 nachgeht. Im Mittelpunkt steht die »Revolution«, die den Menschen aus dem Zentrum der natürlichen Welt rückte, sowie das Aufkommen der Liebe zu Tieren und zur unberührten Natur.

Außerdem gibt es Geschichten der Darstellung der Sozialstruktur wie Dubys drei Stände; Geschichten der Darstellung der Arbeit einschließlich der Frauenarbeit; Geschichten der Darstellung von Frauen als Göttinnen, Huren, Mütter oder Hexen; Geschichten der Darstellung des »Anderen« (z. B. der Juden durch Nichtjuden oder der Weißen durch Schwarze usw.). In der Geschichte des Katholizismus rückten in den 1980er Jah-

---

18 Jacques Le Goff, »Dreams in the Culture and Collective Psychology of the Medieval West« (1971); in: ders., *Time, Work and Culture in the Middle Ages*, Chicago 1980 (Übers.), S. 201-204.

19 William A. Christian, Jr, *Apparitions in Late Medieval and Renaissance Spain*, Princeton 1981; Jean-Claude Schmitt, *Les revenants*, Paris 1994; dt.: *Die Wiederkehr der Toten. Geistergeschichten im Mittelalter*, Stuttgart 1995.

ren literarische oder visuelle Darstellungen der Heiligen in den Mittelpunkt des Interesses. In einer frühen Arbeit heißt es dazu, Heiligkeit hänge mehr als alles andere im sozialen Leben von der Sichtweise des Betrachters ab.[20]

Representations heißt der Titel einer interdisziplinären Zeitschrift, die 1983 in Berkeley gegründet wurde. Unter den ersten Beiträgen fanden sich Aufsätze des Literaturkritikers Stephen Greenblatt über Bilder deutscher Bauern aus dem 16. Jahrhundert, der Kunsthistorikerin Svetlana Alpers über Foucaults Lesart eines Gemäldes von Velásquez sowie der Historiker Peter Brown (über Heilige), Thomas Laqueur (über Begräbnisse) und Lynn Hynt (über die »Krise der Darstellung« in der Französischen Revolution).

Im Bereich der Literatur befaßt sich Saids Buch über den Orientalismus hauptsächlich mit dem sogenannten »Anderen«, vor allem mit Bildern des »Ostens« im Westen. Auch hier konzentrieren sich Studien zur Geschichte des Reisens auf die klischeehafte Wahrnehmung und Beschreibung unbekannter Kulturen und auf den »Blick« des Reisenden, wobei zwischen imperialen, weiblichen, pittoresken und anderen Arten von Blicken unterschieden wird. Man kann zeigen, daß manche Reisenden, die etwas über ein Land gelesen hatten, bevor sie erstmals den Fuß dorthin setzten, bei der Ankunft genau die Dinge zu sehen glaubten, die sie aufgrund der Lektüre erwarteten.

Lebhafte Beispiele für solche Klischees finden sich in den Berichten ausländischer Italienreisender des 17. und 18. Jahrhunderts. Dort werden Gemeinplätze wiederholt wie das der *lazzaroni* in Neapel, armer Männer, die in der Sonne liegen und scheinbar nichts tun. Seit Herodot benutzen Reisende gern den

---

20 Michael Gilsenan, zit. in: Peter Burke, »How to be a Counter-Reformation Saint«, in: ders., *Historical Anthropology of Early Modern Italy*, Cambridge 1987; dt.: »Wie wird man ein Heiliger der Gegenreformation?«, in: ders., *Städtische Kultur in Italien zwischen Hochrenaissance und Barock*, Berlin 1986, S. 54-66, hier S. 60.

Topos der verkehrten Welt, um ihre Eindrücke zu ordnen. So hielt der schottische Puritaner Gilbert Burnet, Bischof von Salisbury, Italien, das er in den 1680er Jahren bereiste, für ein Land des Aberglaubens, der Tyrannei, der Faulheit und des Papismus, also für genau das Gegenteil der Aufklärung, der Freiheit, des Fleißes und des Protestantismus, die er seinem eigenen Land zuschrieb.

Orientalismus in der Musik

Aufschlußreiche Beispiele für die Geschichte der Darstellungen finden wir auch in der Musikwissenschaft, einem weiteren Fachgebiet, in dem manche Forscher sich heute als Kulturhistoriker begreifen. Die Reaktion einiger Musikwissenschaftler auf Saids *Orientalismus*, die Studie eines Literaturkritikers, der sich von einem Philosophen hat inspirieren lassen, ist ein lebendiges Beispiel für die interdisziplinären Kontakte oder »Verhandlungen«, die unter dem großen Schirm der Kulturgeschichte stattfinden.

Kunsthistoriker reagierten auf Saids Buch in den 1980er Jahren, Musikwissenschaftler ein Jahrzehnt später. Sogar Said selbst wartete, trotz seiner Begeisterung für die Oper, bis 1993 mit einem eigenen Beitrag auf diesem Gebiet, einer Diskussion der Verdi-Oper *Aida*, in der er bemerkt, die Oper bestätige das westliche Bild des Orients als eines zutiefst exotischen, fernen und altertümlichen Orts, den die Europäer für ihre Machtdemonstrationen nutzen könnten.[21]

Zwei neuere Studien greifen dieses Thema auf und verweisen auf dessen Komplexität. In Ralph Lockes Studie über *Samson et Dalila* von Saint-Saëns heißt es, die Welt der Bibel werde mit

21 Linda Nochlin, »The Imaginary Orient« (1983), Wiederabdruck in: dies., *Politics of Vision*, New York 1989, S. 33-59; James Thompson, *The East Imagined, Experienced, Remembered: Orientalist 19th-Century Painting*, Dublin und Liverpool 1988; Edward Said, *Culture and Imperialism*, London 1993; dt.: *Kultur und Imperialismus*, Frankfurt am Main 1994.

dem Nahen Osten des 19. Jahrhunderts identifiziert, so daß der Komponist seiner Oper ein gewisses Lokalkolorit oder genauer gesagt: einen gewissen »Lokalklang« verleihen könne. Saint-Saëns stelle den »Anderen« – und insbesondere »die Andere«, nämlich Dalila – in konventioneller Manier als zugleich beängstigend und verführerisch dar, doch er gebe ihr auch eine große romantische Arie und untergrabe damit den »typisch orientalistisch-binären Charakter des Plots« seiner Oper.[22]

Auch Richard Taruskin stößt in seiner Studie über den Orientalismus in der russischen Musik des 19. Jahrhunderts auf ein Paradoxon. Eine exotisch wirkende Musik wie Borodins »In den Steppen Zentralasiens« oder Mussorgskys »Tänze persischer Sklavinnen« setze eigentlich auf einen binären Gegensatz zwischen dem Russischen und dem Orientalischen (Mann und Frau, Herr und Knecht). Als Djagilew jedoch diese Musik in Paris zur Aufführung brachte, hielt das französische Publikum sie für typisch russisch.[23]

Geschichte des Gedächtnisses

Ein weiterer Bereich der Neuen Kulturgeschichte, der gegenwärtig einen Boom erlebt, ist die Geschichte des Gedächtnisses, manchmal auch »soziales« oder »kulturelles Gedächtnis« genannt. Das akademische Interesse an diesem Thema kam ans Licht und wurde zugleich weiter gefördert, als der französische Forscher und Verleger Pierre Nora von 1984 bis 1993 unter dem Titel *Les Lieux de mémoire* sieben Bände veröffentlichte, die sich mit dem »nationalen Gedächtnis« Frankreichs befaßten, das in Büchern wie der Larousse-Enzyklopädie, in Bauwerken wie dem Panthéon oder in Praktiken wie den jährlichen Gedenkfei-

---

22 Ralph P. Locke, »Constructing the Oriental ›Other‹: Saint-Saëns's *Samson et Dalila«, Cambridge Opera Journal* 3 (1991), S. 261-303.
23 Richard Taruskin, »Entoiling the Falconet: Russian Musical Orientalism in Context« (1992), Wiederabdruck in: Jonathan Bellman (Hg.), *The Exotic in Western Music*, Boston 1998, S. 194-217.

ern zur Erinnerung an den Sturm auf die Bastille am 14. Juli zum Ausdruck kommt bzw. davon geprägt wird.[24] Dagegen ist das schwerer zu fassende, aber gewiß bedeutsamere Thema der sozialen oder kulturellen Amnesie weit weniger erforscht worden.

Seither sind ähnliche mehrbändige Werke auch in Italien, Deutschland und anderswo erschienen. Wie Filme und Fernsehprogramme noch deutlicher als Bücher zeigen, gibt es beim breiten Publikum ein starkes Interesse an historischen Themen. Dieses wachsende Interesse ist wahrscheinlich eine Reaktion auf den beschleunigten sozialen und kulturellen Wandel, der die Identität bedroht, weil er unser aktuelles Sein von unserer Vergangenheit loslöst. Auf einer spezifischeren Ebene fällt das wachsende Interesse für Erinnerungen an den Holocaust und den Zweiten Weltkrieg gerade in eine Zeit, da die lebendige Erinnerung an diese traumatischen Ereignisse kurz vor dem Aussterben steht.

Wie die Geschichte des Reisens, so enthüllt auch die Geschichte des Gedächtnisses mit außergewöhnlicher Klarheit die Bedeutung von Schemata oder Klischees, die der Psychologe Frederick Bartlett schon 1932 in seinem Buch *Remembering* herausarbeitete. Mit wachsendem zeitlichem Abstand verlieren Ereignisse einen Teil ihres spezifischen Charakters. Sie werden – in der Regel unbewußt – umgearbeitet und ähneln dann eher den in der Kultur geläufigen allgemeinen Schemata, die den Bestand der Erinnerung sichern, wenn auch um den Preis ihrer Verzerrung.

Nehmen wir zum Beispiel den Fall der Protestanten in Südfrankreich, deren Geschichte ein Historiker erforscht hat, der selbst zu ihnen gehört: Philippe Joutard. Er zeigt, daß die Erin-

24 Zu neueren Arbeiten auf diesem Gebiet siehe Kerwin L. Klein, »On the Emergence of Memory in Historical Discourse«, *Representations* 69 (2000), S. 127-150. Eine gekürzte englische Übersetzung des Werkes ist: Pierre Nora, *Realms of Memory*, 3 Bde., New York 1996-1998.

nerung an die Verfolgung der protestantischen Gemeinschaft durch die Katholiken in dieser von der Heiligen Schrift durchtränkten Kultur gefärbt oder sogar geprägt wurde von biblischen Geschichten über die Verfolgung des auserwählten Volkes, und das bis hin zu den Zeichen an den Türen der Häuser, deren Bewohner ermordet werden sollten. Liest man Joutards Darstellung, fällt es schwer, nicht an den Holocaust zu denken, ein traumatisches Ereignis, an das man sich gleichfalls innerhalb eines biblischen Rahmens erinnert, denn »Holocaust« bedeutet »Brandopfer«.[25]

Die britischen Erinnerungen an das Elend in den Schützengräben des Ersten Weltkriegs wurde in ähnlicher Weise geprägt von Erinnerungen an John Bunyans *Pilgrim's Progress* (1678 – *Pilgerreise zur ewigen Seligkeit*), ein Buch, das damals noch von vielen gelesen wurde. Der amerikanische Literaturkritiker Paul Fussell schreibt dazu: »Die Fronterfahrung schien einer Deutung zugänglich zu werden, wenn man erkannte, wie sehr manche Teile davon der Handlung in *Pilgrim's Progress* glichen, ähnelte der Schlamm der Schützengräben doch dem Sündenpfuhl. Die Erinnerungen an den Zweiten Weltkrieg wurden dagegen durch die Erinnerung an den Ersten geprägt.«[26]

Diese Beispiele für den Einfluß von Büchern – die wahrscheinlich in Gemeinschaft laut vorgelesen wurden – auf den Erinnerungsprozeß sind bemerkenswert, aber natürlich werden Erinnerungen nicht allein durch Lesen weitergegeben oder geprägt. Das heutige Irland, der Norden wie der Süden, ist berühmt – manche würden auch sagen: berüchtigt – für die Macht der Erinnerung an vergangene Ereignisse, verstärkt durch das Trauma des Bürgerkriegs, ausgelöst von Orten wie Drogheda und Derry und wiederbelebt in den jährlichen Paraden der Oranier-Orden und des Ancient Order of the Hibernians. An den

25 Philippe Joutard, *La Légende des Camisards*, Paris 1977.
26 Paul Fussell, *The Great War and Modern Memory*, Oxford 1975, S. 137, 317.

Mauern in Belfast mahnen Graffiti den Passanten: »Denk an 1690!«

In diesem irischen Kontext erscheint Geertz' berühmte Bemerkung über die Geschichten, die sie einander über sich selbst erzählen (siehe S. 57), eher problematisch. Katkoliken und Protestanten erzählen sich nicht dieselben Geschichten. Eine Seite errichtet Denkmäler, die andere sprengt sie in die Luft, ein Vorgang, den Ian McBride als »fest etablierte Tradition explosiver Gedächtnis-Vernichtung« bezeichnet hat. Die Erinnerungen an den Konflikt sind zugleich auch Konflikte der Erinnerung.[27]

Innerhalb der jeweiligen religiösen Gemeinschaft dürfte Geertz' Bemerkung weiterhin gültig sein, doch es bleibt notwendig, die große soziale Frage zu stellen: »Von wessen Erinnerung ist hier die Rede?« Männer und Frauen, Ältere und Jüngere erinnern sich an die Vergangenheit möglicherweise nicht in derselben Weise. Es kann vorkommen, daß in einer Kultur die Erinnerung einer Gruppe die Vorherrschaft gegenüber der Erinnerung einer anderen Gruppe erlangt wie etwa bei den Siegern und Verlierern eines Bürgerkriegs – in Finnland 1919 zum Beispiel oder in Spanien 1936-1939.

Materielle Kultur

Kulturhistoriker schenkten früher der materiellen Kultur traditionell geringere Aufmerksamkeit als den Ideen und überließen diesen Bereich den Wirtschaftshistorikern. Daß Norbert Elias sich in seinem Buch über den Prozeß der Zivilisation mit der Geschichte der Gabel und der Geschichte des Taschentuchs befaßte, war ungewöhnlich für seine Zeit. Umgekehrt vernachlässigten die Wirtschaftshistoriker die symbolischen Aspekte der Nahrung, Kleidung oder Behausung und betrachten statt des-

27 Ian McBride (Hg.), *History and Memory in Modern Ireland*, Cambridge 2001.

sen den Ernährungszustand oder den Einkommensanteil, den der einzelne für bestimmte Waren ausgab. Selbst Fernand Braudels berühmte Studie über die frühneuzeitliche Welt, *Civilisation matérielle, économie et capitalisme* (1979 – *Sozialgeschichte des 15.-18. Jahrhunderts*) entging diesem Vorwurf nicht, und das trotz der Bedeutung des Buchs als vergleichender Analyse der Bewegung von Objekten zwischen verschiedenen Kulturbereichen.

Doch in den 1980er und 1990er Jahren machten sich einige Kulturhistoriker an die Erforschung der materiellen Kultur und fanden sich dadurch in Gemeinschaft mit Archäologen, Museumskuratoren und Spezialisten für die Geschichte der Kleidung oder der Möbel, die schon seit langem auf diesen Gebieten arbeiteten. Auch Religionshistoriker achten heute stärker auf Veränderungen in der Innenausstattung von Kirchen als Indikator für Veränderungen in den religiösen Einstellungen. In den 1960er Jahren schrieb der britische Sozialhistoriker Asa Briggs Bücher über *Victorian People* und *Victorian Cities*. Als er 1988 ein Buch über *Victorian Things* folgen ließ, schien das seine Hinwendung zu materiellen Kultur zu belegen, auch wenn er das Buch schon lange zuvor geplant hatte.

Selbst Literaturhistoriker schlagen diese Richtung ein und untersuchen Graffiti oder vergleichen Sonette und Miniaturen als private Liebesbeweise, während der Neuseeländer Don McKenzie, der in seinem Buch *Bibliography and the Sociology of Texts* (1986) die Bibliographie als Form von Kulturgeschichte begreift, die Notwendigkeit betont, »die materielle Form des Buchs« und »die Feinheiten der Typographie und der Gestaltung« zu untersuchen, weil auch nichtsprachliche Elemente wie »allein schon die räumliche Anordnung« Bedeutung trügen. In der Sprache des von McKenzie gleichfalls geschätzten Theaters könnten wir sagen, daß der physische Auftritt der gedruckten Seite dem Leser eine Reihe von Hinweisen gibt und ihn ermuntert, den Text in einer bestimmten Weise zu interpretieren.

In den meisten Studien zur materiellen Kultur geht es um das klassische Dreigestirn Nahrung, Kleidung und Wohnen. Im Mittelpunkt steht oft die Geschichte des Konsums samt der Stellung der Phantasie, auf die man durch Werbung Einfluß zu nehmen versucht, indem man den Wunsch nach bestimmten Gütern stimuliert. Das Verhältnis zwischen der heutigen »Konsumkultur« und dem Interesse an vergangenen Formen des Konsums liegt auf der Hand, doch die Historiker sind sich der Gefahren des Anachronismus auf diesem Gebiet in der Regel wohl bewußt.

Ein beispielhafter Beitrag zur Geschichte der Nahrung stammt von dem amerikanischen Anthropologen Sidney Mintz. Sein Buch *Sweetness and Power: the Place of Sugar in Modern History* (1985 – *Die süße Macht. Kulturgeschichte des Zuckers*) ist sowohl eine Sozial- als auch eine Kulturgeschichte. Als Sozialgeschichte befaßt es sich mit dem Konsumenten und der Wandlung des Zuckers vom Luxusgut für Reiche zu einem Grundnahrungsmittel für jedermann, ob nun zum Süßen von Kaffee oder von Tee. Als Kulturgeschichte befaßt sich das Buch mit dem symbolischen Aspekt des Zuckers. Die symbolische Kraft war stärker ausgeprägt, als der Zucker noch als Luxusgut galt, durch das der Konsument sich von der Masse der Bevölkerung unterscheiden konnte. Doch als dann die Ware die soziale Leiter hinabstieg, erhielt sie neue Bedeutungen und wurde in neue soziale Rituale eingebaut.

In *La culture des apparences* (1989) beschäftigt der französische Historiker Daniel Roche sich mit der Geschichte der Kleidung, weil sie »uns viel über die Zivilisation zu sagen vermag«. Die Kleiderordnung gibt Auskunft über kulturelle Codes. »Ich glaube wirklich« schreibt Roche, »daß sich hinter der Kleidung mentale Strukturen finden lassen«. Im Frankreich des 18. Jahrhunderts konnte jemand durch seine Kleidung zum Beispiel demonstrieren, daß er dem Adel angehörte, oder zumindest konnte er versuchen, als Adliger zu erscheinen. Die Wahl der

Kleidung war gleichbedeutend mit der Wahl einer Rolle im »Bekleidungstheater« der Zeit. Roche sieht sogar eine Verbindung zwischen der »Kleidungsrevolution« und der Französischen Revolution im Sinne des Aufstieg von »liberté, égalité, frivolité«. Und er nimmt die Frivolität ernst, denn die große Aufmerksamkeit, welche die Frauenzeitschriften Ende des 18. Jahrhunderts der Kleidung schenkten, beweise, daß die Mode »nicht länger ein Vorrecht der Privilegierten« gewesen sei.[28]

Als Fallstudie zur Geschichte des Wohnens könnte man eine Arbeit des schwedischen Anthropologen Orvar Löfgren über die Geschichte der bürgerlichen Wohnung im Schweden des 19. Jahrhunderts heranziehen. In seinem Buch *Culture Building* (1979) verbindet er die traditionelle skandinavische Ethnographie, in der er und sein Mitautor Jonas Frykman ausgebildet waren, mit Ideen, die sie von Elias und Foucault übernahmen. Das Buch verweist auf den im späten 19. Jahrhundert erfolgten Wechsel von »Schmucklosigkeit« zu »Opulenz« und führt ihn auf die Tatsache zurück, daß die Wohnung »zu einer Bühne wurde, auf der die Familie ihren Wohlstand und ihre soziale Stellung vorführte«. Möbel und Innenausstattung vor allem des Salons dienten der Selbstdarstellung der Familie gegenüber Besuchern. Wer noch die Bilder von der Wohnung der Familie Ekdahl im Uppsala der Jahrhundertwende um 1900 vor Augen hat, die Ingmar Bergman in seinem Film *Fanny und Alexander* (1982) zeigt, dem wird es kaum schwerfallen, sich diese Formen opulenter Selbstdarstellung bildlich vorzustellen, die zur damaligen Zeit auch ihre Parallelen in Großbritannien, Frankreich, Mitteleuropa und anderswo hatte.

Doch die bürgerliche Wohnung der von den Schweden so genannten »Oskar-Periode« (1880-1910) war nicht nur eine Bühne, sondern auch ein »Heiligtum«, eine Zufluchtsstätte vor der immer unpersönlicher werdenden Gesellschaft draußen.

28 Siehe Maria Lúcia Pallares-Burke, *The New History: Confessions and Conversations*, Cambridge 2002, S. 116-119.

Daher die wachsende Bedeutung der privaten Räume wie des Schlafzimmers und der Kinderzimmer und die immer schärfere Trennung der öffentlichen von den privaten Räumen innerhalb der Wohnung.

Der Hinweis auf die verschiedenen Räume innerhalb der Wohnung ist bemerkenswert. Es mag etwas paradox erscheinen, wenn man den Raum zur »materiellen Kultur« rechnet, doch Kulturhistoriker lesen heute, wie Architekturhistoriker und historische Geographen vor ihnen, im »Text« einer Stadt oder eines Hauses zwischen den Zeilen. Die Geschichte der Städte wäre unvollständig ohne Studien über Märkte und Plätze, und die Geschichte des Wohnens wäre unvollständig ohne Studien über die Nutzung des Innenraums.

Einige der zu Beginn dieses Kapitels besprochenen Theoretiker – von Habermas mit seiner Beschreibung der Kaffeehäuser als Orte politischer Diskussion bis hin zu Foucault mit seiner These über die räumliche Gestaltung der Schulen und Gefängnisse als Mittel der Diziplinierung – haben dazu beigetragen, die Aufmerksamkeit der Historiker auf die Bedeutung des Raumes zu lenken: des heiligen und des profanen, des öffentlichen und des privaten, des männlichen und des weiblichen und so weiter.

Wissenschaftshistoriker untersuchen heute die Raumaufteilung von Laboratorien oder Anatomiesälen, während Historiker des Empire die Grundrisse von Unterkünften und Bungalows studieren. Kunsthistoriker betrachten Galerien und Museen als Räume wie auch als Institutionen. Historiker des Theaters erforschen die Räumlichkeiten der Theater, Musikhistoriker die Gestaltung von Opernhäusern und Konzertsälen, während Historiker des Lesens ihre Aufmerksamkeit auf die physische Organisation von Bibliotheken richten.

Geschichte des Körpers

Ein Bereich der Neuen Kulturgeschichte, der heute blüht, aber noch vor einer Generation, zum Beispiel in den 1970er Jahren, ganz unvorstellbar gewesen wäre, ist die Geschichte des Körpers.[29] Die wenigen Beiträge, die in früheren Jahrzehnten entstanden, waren kaum bekannt oder galten als marginal.

So untersuchte der brasilianische Soziologe und Historiker Gilberto Freyre ab den 1930er Jahren das physische Erscheinungsbild von Sklaven, wie es in Anzeigen über entlaufene Sklaven dargestellt wurde, die im 19. Jahrhundert in Zeitungen erschienen. Er fand Hinweise auf Stammesmerkmale, die den Teil Afrikas kennzeichneten, aus dem die Sklaven stammten, auf Narben von den häufigen Auspeitschungen und auf kahle Stellen im Haarwuchs bei Männern, die schwere Lasten auf dem Kopf getragen hatten. Und in einer 1972 veröffentlichten Studie untersuchte Emmanuel Le Roy Ladurie zusammen mit zwei Mitarbeitern das physische Erscheinungsbild französischer Rekruten des 19. Jahrhunderts. Dabei ergab die Auswertung militärischer Akten, daß die Rekruten aus dem Norden größer waren als die aus dem Süden – ein Unterschied, der höchstwahrscheinlich auf Unterschiede der Ernährung zurückging.[30]

Seit den frühen 1980er Jahren begegnen wir einem wachsenden Strom von Studien, die sich mit dem Körper befassen, mit dem männlichen und dem weiblichen Körper, dem Körper als Erfahrung und als Symbol, mit dem verstümmelten Körper, dem anorektischen Körper, dem athletischen Körper, dem sezierten Körper, dem Körper von Heiligen und von Sündern. Die 1995 gegründete Zeitschrift *Body and Society* bietet sowohl

29 Roy Porter, »History of the Body Reconsidered«, in: Peter Burke (Hg.), *New Perspectives on Historical Writing*, 2. Ausg. Cambridge 2001, S. 233-260.
30 G. Freyre, *O escravo nos anúncios de jornais brasileiros do século xix*, Recife 1963; Jean-Pierre Aron, Pierre Dumond und Emmanuel Le Roy Ladurie, *Anthropologie du conscrit français*, Den Haag 1972.

Historikern als auch Soziologen ein Forum. Man hat Bücher geschrieben über die Geschichte körperlicher Sauberkeit, die Geschichte des Tanzens, des Drills, der Tätowierung, der Gesten. Die Geschichte des Körpers entwickelte sich aus der Geschichte der Medizin, doch Kunst- und Literaturhistoriker, Anthropologen und Soziologen hatten gleichfalls Anteil an dieser »Hinwendung zum Körper« – wie man sagen könnte, wenn es nicht schon so viele solcher »Wenden« und »Hinwendungen« gegeben hätte, daß man Angst haben muß, dem Leser könnte es schwindelig werden.

Einige der neuen Studien sind wohl am besten charakterisiert, wenn man sagt, sie beanspruchten ein neues Gebiet für den Historiker. Ein gutes Beispiel dafür ist die Geschichte der Gesten. Der französische Mediävist Jacques Le Goff eröffnete das Terrain. Eine internationale Gruppe von Forschern, deren Fachgebiete von der Altertumskunde bis zur Kunstgeschichte reichten, leistete Beiträge, während Le Goffs ehemaliger Schüler Jean-Claude Schmitt eine größere Studie über die Gestik im Mittelalter beisteuerte. Schmitt schreibt, das Interesse an diesem Thema sei im 12. Jahrhundert deutlich gewachsen. Diese Zeit habe ein Korpus an Texten und Bildern hinterlassen, das es ihm ermöglicht habe, religiöse Gesten wie das Beten und feudale Gesten wie den Ritterschlag oder die Ehrerbietung gegenüber dem Feudalherren zu rekonstruieren. Er behauptet zum Beispiel, das Beten mit gefalteten Händen (statt mit ausgebreiteten Armen) und das Knien beim Beten seien Übertragungen feudaler Gesten der Ehrerbietung gegenüber dem Feudalherren – vor dem man niederkniete und in dessen Hände man die eigenen Hände legte – auf den religiösen Bereich.[31]

Ein Beispiel aus der russischen Geschichte mag hier zeigen,

---

31 Jan Bremmer und Herman Roodenburg (Hg.), *The Cultural History of Gesture*, Cambridge 1991; Jean-Claude Schmitt, *La Raison des gestes dans l'occident médiéval*, Paris 1990; dt.: *Die Logik der Gesten im europäischen Mittelalter*, Stuttgart 1992.

wie wichtig es in der Geschichtswissenschaft ist, auch auf scheinbar kleine Unterschiede zu achten. Die Russisch-orthodoxe Kirche spaltete sich 1667, als ein Konzil in Moskau verschiedene Neuerungen annahm und die Anhänger der Tradition, die später so genannten »Altgläubigen«, exkommunizierte. Debattiert wurde unter anderem die Frage, ob der Segen mit zwei oder mit drei Fingern auszuführen sei. Man kann sich leicht vorstellen, wie rationalistische Historiker diese Debatten später beschrieben, nämlich als typisches Beispiel für ein religiöses oder abergläubisches Denken, das in seiner Realitätsferne unfähig ist, Wichtiges von Unwichtigem zu unterscheiden. Doch diese kleine Geste setzte eine bedeutsame Entscheidung voraus. Drei Finger bedeuteten, daß man den Griechen folgte, zwei Finger, daß man an den russischen Traditionen festhielt. Um es nochmals mit Bourdieu zu sagen: Soziale Identität liegt im Unterschied.

Auch andere Studien zur Geschichte des Körpers stellten traditionelle Annahmen in Frage. So trug Peter Browns *The Body and Society* (1988 – *Die Keuschheit der Engel*) dazu bei, die herkömmliche Ansicht zu untergraben, wonach das Christentum den Körper haßt. Ähnliches gilt für Caroline Bynums *Holy Feast and Holy Fast* (1987), das ich oben (S. 73 f.) als Beispiel für die Geschichte der Frauen angeführt habe, dessen Bedeutung aber gleichermaßen in der Beschreibung des Körpers und seiner Nahrung als Kommunikationsmedium liegt.

Roy Porter, einer der Pioniere auf diesem Gebiet, hat einmal gesagt, die rasche Zunahme des Interesses an diesem Thema sei sicher zum Teil auf die Ausbreitung von AIDS zurückzuführen, da diese Krankheit die Aufmerksamkeit auf die »Verletzlichkeit des modernen Körpers« gelenkt habe. Das wachsende Interesse an der Geschichte des Körpers geht außerdem einher mit dem wachsenden Interesse an der Geschichte der Geschlechter (siehe S. 72). Doch die Beschäftigung der zu Beginn des Kapitels genannten Theoretiker mit dem Körper legt den Gedanken nahe, nach einer tieferen Erklärung für einen doch längerfristigen Prozeß zu suchen. So hatte Michail Bachtin in seiner Darstellung der mittelalterlichen Volkskultur viel über groteske Körper und vor allem über die »materielle untere körperliche Schicht« zu sagen. Und Norbert Elias zeigte in seiner Geschichte der Selbstkontrolle immer auch ein implizites oder sogar explizites Interesse am Körper.

Im Werk Michel Foucaults und Pierre Bourdieus wird die philosophische Grundlage der Studien über den Körper vollends sichtbar. Wie der französische Philosoph Maurice Merleau-Ponty brachen Foucault und Bourdieu mit der auf Descartes zurückgehenden philosophischen Tradition einer Trennung von Körper und Geist, der Idee des »Geistes in der Maschine«, wie der englische Philosoph Gilbert Ryle dies spöttisch genannt hat. Bourdieus Begriff des Habitus sollte gerade diese Kluft überbrücken oder den schlichten Gegensatz zwischen Körper und Geist gar nicht erst aufkommen lassen.

Eine Revolution in der Kulturgeschichte?

In diesem Kapitel habe ich versucht, dem Leser eine Vorstellung von der Vielfalt der Ansätze zu geben, die sich unter dem Schirm der Neuen Kulturgeschichte zusammengefunden haben. Die kollektive Leistung der letzten zwei oder drei Jahrzehnte ist ganz beträchtlich, und die Bewegung wird noch eindrucksvoller, wenn man sie als ganze betrachtet. Zwar gab es auf dem Gebiet der Methode im strengen Sinne nur wenige Innovationen, doch man hat viele neue Themen entdeckt und mit Hilfe neuer Begriffe erforscht.

Dennoch dürfen wir die Kontinuität im Verhältnis zu früheren Ansätzen nicht übersehen. Die Neue Kulturgeschichte hat sich aus der im dritten Kapitel besprochenen historischen Anthropologie entwickelt, und einige ihrer führenden Vertreter, von Natalie Davis bis Jacques Le Goff oder Keith Thomas, gehören beiden Bewegungen an.

Von dem Schweizer Architekten Sigfried Giedion stammt eine bahnbrechende Studie über die materielle Kultur, *Mechanisation Takes Command* (1948 – *Die Herrschaft der Mechanisierung*), in der er erklärt, für den Historiker gebe es keine banalen Dinge, da Werkzeuge und Gegenstände aus grundlegenden Einstellungen zur Welt hervorgingen. Der Ausdruck »kollektive Vorstellungen« (*représentations collectives*) wurde vor mehr als einem Jahrhundert von dem französischen Soziologen Emile Durkheim benutzt, dem Marc Bloch dann in den 1920er Jahren folgte. Das Interesse an »Schemata«, von dem in diesem Kapitel mehrfach die Rede war, geht zurück auf Aby Warburg und Ernst Robert Curtius (siehe S. 21).

Die Ähnlichkeit zwischen manchen neueren Entwicklungen und dem Werk von Burckhardt oder Huizinga verdient gleichfalls Beachtung. Warburg und Huizinga erkannten bereits, welche Bedeutung anthropologische Studien über die sogenannten »primitiven« Völker für die Geschichte der klassischen Antike und des Mittelalters haben. Clifford Geertz ist ein Bewunderer Burckhardts und verweist gelegentlich auf dessen Werk, während Darnton in seiner Zeit als Gerichtsreporter Burckhardts Kultur der Renaissance in seinem Büro las, versteckt zwischen den Seiten einer Ausgabe des *Playboy*, wie er berichtet: »Und ich glaube immer noch, es ist das beste Buch über Geschichte, das ich jemals gelesen habe.«[32]

Trotz dieser greifbaren Kontinuität kann man kaum leugnen, daß es im Verlauf der letzten Generation in Theorie und Praxis der Kulturgeschichte zu einer kollektiven Verschiebung oder Wende gekommen ist. Man mag in dieser Verschiebung eher eine Gewichtsverlagerung als eine wirkliche Innovation, eher eine Reform der Tradition als eine Revolution erblicken, doch letztlich nehmen die meisten kulturellen Innovationen solch einen Verlauf.

32 In: Pallares-Burke, *New History*, a. a. O., S. 163.

Die Neue Kulturgeschichte ist nicht unangefochten geblieben. Die ihr zugrunde liegende Theorie ist oft kritisiert und ab-
gelehnt worden, nicht nur von traditionellen Empiristen, sondern auch von innovativen Historikern wie Edward Thompson,
der in einer erstmals 1978 veröffentlichten Tirade mit dem Titel
»The Poverty of Theory« heftig gegen sie polemisierte. Der traditionelle anthropologische Begriff der Kultur als »konkrete
und gebundene Welt aus Glaubensvorstellungen und Praktiken« ist mit dem Hinweis kritisiert worden, in Kulturen gebe es
auch Konflikte und sie seien nur »locker integriert«.[33]

Eine noch umstrittenere Theorie, die großen Teilen der
Neuen Kulturgeschichte zugrunde liegt, ist die der kulturellen
Konstruktion von Wirklichkeit, die wir im folgenden Kapitel
erörtern wollen.

---

33 William Sewell, »The Concept(s) of Culture«, in: Victoria Bonnell und
Lynn Hunt (Hg.), *Beyond the Cultural Turn*, Berkeley 1999, S. 35-61.

Fünftes Kapitel
Von der Darstellung zur Konstruktion

Wir haben oben gesehen, daß die Lösung von Problemen oft neue Probleme schafft. Man denke zum Beispiel an die Idee der Darstellung oder Repräsentation, einen zentralen Begriff der Neuen Kulturgeschichte. Er scheint zu implizieren, daß Bilder und Texte die soziale Realität lediglich widerspiegeln oder nachahmen. Doch vielen Vertretern der Neuen Kulturgeschichte bereitet diese Implikation schon seit langem Unbehagen. Darum hat es sich eingebürgert, von einer »Konstruktion« oder »Erzeugung« der Wirklichkeit (des Wissens, der Territorien, der sozialen Klassen, der Krankheiten, der Zeit, der Identität usw.) durch Darstellung zu sprechen. Wert und Grenzen dieser Idee einer kulturellen Konstruktion verdienen eine genauere Betrachtung.

In einem berühmten Ausspruch hat Rogier Chartier einmal gesagt, wir erlebten eine Verschiebung »von der Sozialgeschichte der Kultur zur Kulturgeschichte der Gesellschaft«. Damit bezog er sich auf gewisse Interessenverlagerungen, die in den 1980er Jahren bei Historikern zu beobachten waren, insbesondere auf eine Abwendung von der Sozialgeschichte im »harten« Sinne der Erforschung sozialer Strukturen wie etwa der sozialen Klassen. Die Idee einer »Kulturgeschichte der Gesellschaft« enthüllt den Einfluß, den der »Konstruktivismus« in Philosophie und anderen Fachgebieten, von der Soziologie bis hin zur Wissenschaftsgeschichte, auf die Neue Kulturgeschichte ausübte.[1]

---

1 Chartier machte diese Bemerkung ursprünglich auf einer Tagung; später erschien sie in schriftlicher Form auch in: ders., »Le Monde comme représentation«, *Annales: économies, sociétés, civilisations* 44 (1989), S. 1505-1520. Jan Golinski, *Making Natural Knowledge: Constructivism and the History of Science*, Cambridge 1998; Ian Hacking, *The Social Construction of What?*, Cambridge (Ma.) 1999; dt.: *Was heißt »soziale Konstruktion«?*, Frankfurt am Main 1999.

Der Aufstieg des Konstruktivismus

Philosophen und Naturwissenschaftler waren die ersten, die unsere überkommenen Vorstellungen von objektiver Erkenntnis in Frage stellten. So erklärte Albert Einstein, daß die Theorie darüber entscheide, was sich beobachten läßt, und Popper stimmte ihm zu (siehe S. 21 f.).

Schon Arthur Schopenhauer hatte gesagt: »Die Welt ist meine Vorstellung.« Und Friedrich Nietzsche behauptete, Wahrheit werde nicht entdeckt, sondern geschaffen. Nietzsche beschrieb die Sprache als Gefängnis, und Ludwig Wittgenstein erklärte: »Die Grenzen meiner Sprache bedeuten die Grenzen meiner Welt.« Die amerikanische philosophische Bewegung, die als Pragmatismus bezeichnet wird, schlug einen ähnlichen Weg ein. So behauptete John Dewey, wir selbst erzeugten die Realität, jeder einzelne erschaffe seine Welt in der Begegnung zwischen dem Ich und der Umwelt. Und nach William James haben unsere geistigen Interessen Anteil an dem, was wir für wahr halten.[2]

Einst war es möglich und sogar normal für Historiker, Nietzsche oder Wittgenstein zu ignorieren. Inzwischen ist es jedoch immer schwieriger geworden, einer Diskussion des problematischen Verhältnisses zwischen der Sprache und der nach früherer Ansicht von ihr »gespiegelten« Außenwelt aus dem Wege zu gehen. Der Spiegel ist zerbrochen. Es sind Zweifel aufgekommen, ob die Darstellung tatsächlich dem dargestellten Gegenstand »entspricht«. Die von traditionellen Forschern so geschätzte Annahme einer Transparenz ist in Frage gestellt worden. Historische Quellen sind offenbar undurchsichtiger, als wir gedacht hatten.

Es mag wie eine Ironie erscheinen, doch es fällt keineswegs schwer, soziale Erklärungen für die Hinwendung zum »Kon-

---

2 Siehe Richard Rorty, *Philosophy and the Mirror of Nature*, Oxford 1980; dt.: *Der Spiegel der Natur. Eine Kritik der Philosophie*, Frankfurt am Main 1981.

struktivismus« zu finden. Zu einer »Geschichte von unten«, wie Edward Thompson sie in seiner *Entstehung der englischen Arbeiterklasse* verwirklichte (siehe S. 31), gehörte der Versuch, die Vergangenheit aus der Sicht der einfachen Leute darzustellen. Dasselbe gilt für die Geschichte der Kolonisierten in Asien, Afrika und Amerika, die zusammen mit den *Postcolonial Studies* entstand und oft die »Sicht der Besiegten« oder die Perspektive der »subalternen Klassen« in den Mittelpunkt stellte.[3] Auch feministische Historikerinnen bemühen sich vielfach, die Frauen in der Geschichte nicht nur »sichtbar« zu machen, sondern die Vergangenheit auch aus weiblicher Sicht zu beschreiben. Die Historiker wurden sich also zunehmend der Tatsache bewußt, daß verschiedene Menschen »dasselbe« Ereignis oder »dieselbe« Struktur möglicherweise aus ganz unterschiedlichen Perspektiven betrachten.

In diesem Zusammenhang beteiligten sich Kulturhistoriker ebenso wie Soziologen, Anthropologen und andere Wissenschaftler an einer Debatte, die bislang als rein philosophische oder naturwissenschaftliche Angelegenheit gegolten hatte. Die Frage, ob oder in welchem Umfang und auf welche Weise Forscher ihren Forschungsgegenstand konstruieren, ist inzwischen selbst zu einem wichtigen Forschungsgegenstand geworden. Dabei handelt es sich um einen Sonderfall der von Philosophen und Soziologen so genannten »sozialen Konstruktion der Wirklichkeit«.

Die Psychologen zum Beispiel stellen die Wahrnehmung zunehmend als einen aktiven Vorgang dar, statt als bloße Spiegelung des Wahrgenommenen. Sprachwissenschaftler schreiben weniger über Sprache als Spiegelung der sozialen Realität und dafür mehr über »Sprechakte« und deren Wirkungen. Soziolo-

---

3 Jim Sharpe, »History from Below«, in: Peter Burke (Hg.), *New Perspectives on Historical Writing*, 2. Ausg. Cambridge 2001, S. 25-42; Nathan Wachtel, *La vision des vincus*, Paris 1971; engl.: *Vision of the Vanquished: The Conquest of Peru Through Indian Eyes*, Cambridge 1977.

gen, Anthropologen und Historiker sprechen immer häufiger von der »Erfindung« oder »Konstituierung« der ethnischen Zugehörigkeit, der Klasse, des Geschlechts oder sogar der Gesellschaft. Statt wie einst auf Zwänge und die soziale Determinierung durch »harte« soziale Strukturen verweisen viele Forscher heute auf eine nahezu schwindelerregende Freiheit, auf die Macht der Phantasie, auf eine Welt soziokultureller Formen, die vielfach »weich«, formbar, fließend oder zerbrechlich sind. Daher der Titel eines jüngst erschienen Buchs des Soziologen Zygmunt Bauman, *Liquid Modernity* (2000 – *Flüchtige Moderne*).

Michel de Certeaus Wiederverwendung

Eine einflußreiche Formulierung der »konstruktivistischen« Position stammt von Michel Foucault, der in seiner *Archéologie du savoir* (1969 – *Archäologie des Wissens*) den Diskurs als eine Praxis definierte, die systematisch die Gegenstände formt oder konstruiert, von denen er spricht. Diese Definition illustriert eine Entwicklung, die schon in den 1960er Jahren als »sprachwissenschaftliche Wende« bezeichnet wurde, doch inzwischen ist der Ausdruck noch gebräuchlicher geworden. Allerdings verdanken die Konstruktivisten noch mehr der Kulturtheorie, die Michel de Certeau einige Jahre später formulierte.[4]

Michel de Certeau war ein vielseitiger Mann, der ebensogut als Theologe, Philosoph, Psychoanalytiker, Anthropologe oder Soziologe bezeichnet werden könnte. Er selbst verstand sich in erster Linie als Historiker und leistete bedeutende Beiträge zur Geschichte der Mystik, der Geschichtsschreibung und der Sprache. In seiner Studie über eine berüchtigte Teufelsaustreibung in einem Nonnenkloster der französischen Kleinstadt Loudun während des 17. Jahrhunderts machte er ausgiebig Gebrauch von der im dritten Kapitel besprochenen »Drama-Analogie«

---

4 Zur Einführung in das Werk von Michel de Certeau siehe Jeremy Ahearne, *Michel de Certeau: Interpretation and its Other*, Cambridge 1995; und Roger Chartier, *Au bord de la falaise*, Paris 1998.

und beschrieb das Geschehen als ein »Spektakel« und als »Theater der Besessenen«. In seinem Buch über die Sprachpolitik der Französischen Revolution befaßte er sich mit einem von Historikern bislang vernachlässigten Thema und bewies dessen politische wie auch kulturelle Bedeutung.[5]

Seine für die Neue Kulturgeschichte bedeutsamste Studie ist allerdings kein Geschichtswerk, sondern ein Buch über das Alltagsleben im Frankreich der 1970er Jahre, das er zusammen mit einigen Mitarbeitern 1980 veröffentlichte.[6] Während Soziologen das »Verhalten« von Konsumenten, Wählern und anderen Gruppen untersuchten, sprach Certeau lieber von »Praktiken« (*pratiques*). Dabei handelte es sich um die »Praktiken« ganz gewöhnlicher Menschen, alltägliche Tätigkeiten wie das Einkaufen, das Spazierengehen, das Umstellen von Möbeln oder das Fernsehen. Ein Grund, weshalb er lieber von »Praktiken« als von »Verhalten« sprach, lag in dem Wunsch, seine Leser sollten die Menschen, über die er schrieb, so ernst nehmen, wie sie es verdienten.

Während die Soziologen angenommen hatten, gewöhnliche Menschen seien Konsumenten von Massenprodukten und passive Zuschauer von Fernsehprogrammen, betonte Certeau deren Kreativität und Erfindungsreichtum. Er beschrieb den Konsum als eine Form von Produktion. Er richtete sein Augenmerk auf die Wahl, welche die Menschen unter den in den Läden angebotenen Massenprodukten trafen, und auf die Freiheit, mit der sie interpretierten, was sie lasen oder im Fernsehen sahen. Welche Bedeutung er dieser Kreativität beimaß, zeigt sich am französischen Originaltitel des Buchs: *L'invention du quotidien* – Die Erfindung des Alltags.

Im Blick auf einzelne Erfindungen sprach Certeau von »Ge-

5 Michel de Certeau, Dominique Julia und Jacques Revel, *Une Politique de la langue: Le Révolution française et les patois*, Paris 1975.
6 Michel de Certeau, *L'Invention du quotidien – Arts de faire*, Paris 1980; dt.: *Kunst des Handelns*, Berlin 1988.

brauch«, von »Aneignung« oder vor allem von »Wiederverwendung« (*ré-employ*). Mit anderen Worten, er dachte daran, daß gewöhnliche Menschen eine Auswahl aus einem Repertoire treffen, neue Kombinationen zwischen den ausgewählten Dingen herstellen und nicht zuletzt auch das Angeeignete in neue Kontexte einbringen. Diese Konstruktion des Alltags durch Praktiken der Wiederverwendung ist Teil der von Certeau so genannten »Taktiken«. Die Beherrschten, so meinte er, setzten eher Taktiken als Strategien ein, weil sie nur über eine beschränkte Manövrierfreiheit verfügen, deren Grenzen andere setzen. Sie haben zum Beispiel die Freiheit zu »wildern« – wie seine berühmte Metapher für kreative Formen des Lesens lautet, durch die offizielle Bedeutungen in subversive verwandelt werden.

Offensichtlich gibt es gewisse Ähnlichkeiten zwischen Certeaus Ideen und Gedanken mancher seiner Zeitgenossen, vor allem Foucault und Bourdieu, mit denen er auch in einen Dialog trat. Er verkehrte Foucault jedoch ins Gegenteil und ersetzte dessen Disziplinbegriff durch den der »Antidisziplin«. Das Konzept der Taktik, das eine Sicht von unten zum Ausdruck brachte, formulierte er ausdrücklich als Gegensatz zu Bourdieus Strategiebegriff, der die Sicht von oben betonte. Certeaus Schlüsselbegriff, »Praxis«, hat vieles gemein mit Bourdieus Praxisbegriff, doch er kritisierte den Begriff des Habitus, weil darin unterstellt wird, gewöhnliche Menschen wären sich ihres Tuns nicht bewußt.

Die Rezeption von Literatur und Kunst

Certeau spielte – neben anderen Forschern der letzten Generation – eine wichtige Rolle bei einer folgenreichen Verschiebung innerhalb der Erforschung der Kunst, der Literatur und der Musik, die dafür sorgte, daß man das Augenmerk nicht mehr nur auf Künstler, Autoren oder Komponisten richtete, sondern verstärkt auch auf das Publikum und dessen »Rezeption« der angeschauten, gelesenen oder gehörten Werke.

Am Beispiel der Geschichte des Lesens haben wir diese Verschiebung bereits (im vierten Kapitel) betrachtet. Auch in der Kunstgeschichte gibt es einen stetigen Strom an Monographien, die aus dieser Perspektive geschrieben sind. So konzentriert sich David Freedberg in seinem wichtigen Buch *The Power of Images* (1989) auf religiöse Reaktionen und stellt einen Zusammenhang her zwischen bestimmten Bildern und dem Aufstieg meditativer Praktiken im Spätmittelalter und der frühen Neuzeit. Die Meditation über das Leiden Christi, ein beliebtes Thema in den religiösen Werken der Zeit, fand Unterstützung in Gemälden wie der Kreuzigung von Mathias Grünewald oder den zahlreichen billigen Holzschnitten, die seit dem 15. Jahrhundert in Umlauf waren. Freedberg untersucht auch den Bildersturm (in Byzanz, in den Niederlanden 1566, in Frankreich 1792 usw.) als eine Form von Gewalt, in der die Wertvorstellungen der Täter und insbesondere ihr bewußter oder unbewußter Glaube an die Macht der Bilder deutlich werden.

Die Erfindung der Erfindung

Wenn Foucault und Certeau die Bedeutung der Konstruktion richtig eingeschätzt haben, ist letztlich alle Geschichte Kulturgeschichte. Eine Liste aller seit 1980 erschienenen Studien, in deren Titel die Worte »Erfindung«, »Konstruktion« oder »Phantasie« vorkommen, wäre ohne Zweifel sehr lang und sehr vielfältig. Wir fänden darin Studien über das Ich, Athen, die Barbaren, die Tradition, die Wirtschaft, die Intellektuellen, die Französische Revolution, primitive Gesellschaften, die Zeitung, die Frauen der Renaissance, das Restaurant, die Kreuzzüge, die Pornographie, den Louvre, das Volk und George Washington.

Nehmen wir zum Beispiel die Krankheit. Die neue Kulturgeschichte des Körpers unterscheidet sich von der eher traditionellen Medizingeschichte durch die Betonung der kulturellen Konstruktion von Krankheit und insbesondere von »Wahnsinn«. Michel Foucault brachte diese Sicht in dem Werk auf, das ihn berühmt machte: *Histoire de la Folie* (1961 – *Wahnsinn und Gesellschaft*). In Großbritannien kann Roy Porters Buch über *Mind-Forged Manacles* (1990) als Meilenstein gelten. Darin kritisierte er den Psychiater Thomas Szasz, weil der die »Fabrikation des Wahnsinns« als Plot dargestellt hatte. Porter behauptete dagegen, in verschiedenen Zeiten gebe es verschiedene »Kulturen des Wahnsinns«, Wahrnehmungsweisen des Abnormen und Stereotype geisteskranker Menschen wie Irre und Melancholiker.

Eine beträchtliche Anzahl neuerer Studien dieser Art befaßt sich mit der Erfindung von Nationen. Beispiele dafür sind Argentinien, Äthiopien, Frankreich, Irland, Israel, Japan, Spanien und Schottland (wenn auch, soweit ich weiß, nicht England). Es gibt auch Studien über die kulturelle Konstruktion ganzer Regionen, etwa Afrikas, des Balkans, Europas, Osteuropas, Nordeuropas (Skandinaviens) und Nordostbrasiliens (Pernambuco, Bahía und benachbarte Staaten).

Neue Konstruktionen

Auch die Vergangenheit ist für manche Forscher eine Konstruktion. So etwa für den Amerikaner Hayden White, der in seinem Buch *Metahistory* (1973 – *Metahistory. Die historische Einbildungskraft im 19. Jahrhundert in Europa*) eine, wie er sagte, »formalistische« Analyse von Geschichtswerken vornehmen wollte und sich dabei auf Klassiker des 19. Jahrhunderts wie Jules Michelet, Leopold von Ranke, Alexis de Tocqueville und Jacob Burckhardt konzentrierte. Der Autor behauptete, jeder der vier großen Historiker habe seine Erzählung oder seinen »Plot« an einer der literarischen Hauptgattungen ausgerichtet. Dafür prägte er den Ausdruck *emplotment*. So benutzte Michelet für seine historischen Darstellungen die Form der Romanze, Ranke die der Komödie, Tocqueville die der Tragödie und Burckhardt die der Satire.

White entfaltete hier einige Ideen über den Plot in der Geschichtsschreibung, die ursprünglich von dem kanadischen Literaturkritiker Northrop Frye stammten. In einem Aufsatz aus dem Jahr 1960, in dem er gleichfalls den Ausdruck »Metahistory« benutzte, nahm Frye seinen Ausgangspunkt bei einer berühmten Reflexion des Aristoteles über den Unterschied zwischen Poesie und Geschichte.[7] Doch er führte eine wichtige Einschränkung ein: »Wenn das Schema eines Historikers ein gewisses Maß an Geschlossenheit erlangt, erhält es eine mythische Ausrichtung«, schrieb er und verwies auf Edward Gibbon und Oswald Spengler als Beispiele für Historiker, deren Plot tragischen Charakter hatte, da sie sich mit dem Niedergang Roms und dem Untergang des Abendlandes beschäftigten.

Man könnte sagen, White habe dort weitergemacht, wo Frye aufgehört hatte. Er habe den Aristotelischen Gegensatz heruntergespielt und die Idee des Plots auf Geschichtswerke jeglicher Art ausgedehnt. Er steht an der Grenze zwischen zwei Positionen oder Aussagen: der konventionellen Auffassung, wonach Historiker ihre Texte und Interpretationen konstruieren, und der unkonventionellen Auffassung, wonach sie die Vergangenheit selbst konstruieren.

Whites Buch und die übrigen Aufsätze, in denen er seine Position entwickelt, waren und sind äußerst einflußreich. Der von ihm geprägte Ausdruck *emplotment* hat in den Wortschatz vieler Historiker Eingang gefunden, ob sie sich nun mit einem bestimmten Historiker befassen oder mit zeitgenössischen Ansichten zu politischen Konflikten.

7 Northrop Frye, »New Directions of Old« (1960), Wiederabdruck in: ders., *Fables of Identity*, New York 1963, S. 52-66.

Die Konstruktion von Klasse und Geschlecht

Soziale Kategorien, die einst so behandelt wurden, als wären sie fest und unveränderlich, erscheinen heute als flexibel und fließend. So nehmen Historiker und Anthropologen, die über Indien arbeiten, die Kategorie der »Kaste« heute nicht mehr als Gegebenheit hin. Im Gegenteil, sie behandeln sie als ein kulturelles Konstrukt, das eine Geschichte besitzt, und zwar eine politische Geschichte, die in einem Zusammenhang mit dem Imperialismus steht. Ähnlich ist es dem Begriff des »Stammes« ergangen, den Historiker und Anthropologen bei der Erforschung Afrikas immer widerwilliger benutzen.[8] Statt dessen spricht man heute weit häufiger als noch vor einer Generation von »Ethnizität«, weil diese soziale Kategorie oft als flexibel oder sogar als verhandelbar gilt.

Auch die »Klasse«, die einst – bei allen Unterschieden in der Definition – von Marxisten und Nichtmarxisten gleichermaßen als objektive soziale Kategorie behandelt wurde, gilt heute immer häufiger als kulturelles, historisches oder diskursives Konstrukt. So hat man Edward Thompson vorgeworfen, in seinem Buch über die Entstehung der englischen Arbeiterklasse von der Annahme auszugehen, Erfahrung könne sich ohne Vermittlung der Sprache in Bewußtsein umsetzen. Gareth Stedman Jones schrieb dazu: »Bewußtsein kann sich auf Erfahrung nur durch Vermittlung einer bestimmten Sprache beziehen, die das Verständnis der Erfahrung organisiert« – ein Zusammenhang, den er am Beispiel der englischen Chartisten und ihrer Sprache analysierte.[9]

8 Ronald Inden, »Orientalist Constructions of India«, *Modern Asian Studies* 20 (1986), S. 401-446; ders., *Imagining India*, Oxford 1990; Nicholas Dirks, *Castes of Mind: Colonialism and the Making of Modern India*, Princeton 2001; Adrian Southall, »The Illusion of Tribe«, *Journal of African and Asian Studies* (1970), S. 28-50; und Jean-Loup Amselle, *Logiques métisses*, Paris 1990; engl.: *Mestizo Logics: Anthropology of Identity in Africa and Elsewhere*, Stanford 1998.
9 Gareth Stedman Jones, Languages of Class, Cambridge 1983, S. 101; vgl. David Feldman, »Class«, in: Peter Burke (Hg.), *History and Historians in the Twentieth Century*, Oxford 2002, S. 201-206.

Die Feministinnen fordern dazu auf, auch die Kategorie »Geschlecht« (*gender*) in dieser Weise zu behandeln. Wie im zweiten Kapitel (S. 44) angemerkt, müssen wir unterscheiden zwischen einer männlichen Sicht des Weiblichen (die von Frauen als Druck empfunden wird, sich in bestimmter Weise, zum Beispiel »bescheiden«, zu verhalten) und einer weiblichen Sicht, die zur selben Zeit und auf derselben sozialen Ebene wirksam ist, wobei die weibliche Sicht ihre Wirkung in der alltäglichen Ausfüllung der Geschlechterrolle entfaltet.

Wenn wir auf das dramaturgische Modell zurückgreifen, können wir also sagen, Männlichkeit und Weiblichkeit werden zunehmend als soziale Rollen analysiert, denen in verschiedenen Kulturen oder Subkulturen verschiedene Drehbücher zugrunde liegen. Diese »Drehbücher«, die das Kind zunächst auf dem Schoß der Mutter – oder des Vaters – erlernt, verändern sich später unter dem Einfluß von Gleichaltrigen, Anleitungsbüchern und diversen Institutionen wie Schule, Hof oder Fabrik. Diese »Drehbücher« betreffen Körperhaltung, Gestik, Sprache und Kleidung, aber auch das sexuelle Verhalten. So waren den Männern im Italien der Renaissance dramatische Gesten erlaubt, achtbaren Frauen dagegen nicht. Allzu lebhafte Bewegungen der Hände legten den Verdacht nahe, daß eine Frau eine Kurtisane war.

Modelle der Männlichkeit oder der Weiblichkeit werden oft über Gegensätze definiert – der maskuline Engländer gegenüber dem effeminierten Franzosen oder dem »Orientalen«. Ein weiterer, in neueren Arbeiten betonter Aspekt ist die Interdependenz der Modelle für Männlichkeit und Weiblichkeit in den einzelnen Kulturen. Beide werden im Verhältnis zueinander oder sogar als Gegensatz definiert.

Das zeigt sich deutlich in einer Studie von Patricia Ebrey, *The Inner Quarters* (1993), über das China der Tang-Dynastie (960-1279). Sie beobachtet in dieser Zeit einen »allgemeinen Wandel des Männlichkeitsideals«, weg vom Krieger und hin zum Gelehrten. An die Stelle der Jagd als eines standesgemäßen Zeitvertreibs für Männer mit hohem sozialem Status trat das Sammeln von Antiquitäten. Pierre Bourdieu, dessen Idee der *distinction* wir schon besprochen haben (siehe S. 84 ff.), hätte sich wohl gefreut über die Feststellung, die Hinwendung zur Gelehrsamkeit lasse sich möglicherweise auf den Wunsch der Chinesen zurückführen, sich von kriegerischen Nachbarn wie den Türken und Mongolen abzugrenzen.

Etwa um dieselbe Zeit veränderte sich auch das Frauenideal. Frauen galten nun in wachsendem Maße als schöne, passive, zierliche und zerbrechliche Wesen, ähnlich den Blumen, mit denen die Dichter sie verglichen. Damals kam auch die Praxis auf, die Füße von Frauen durch Bandagen zu verkrüppeln. Ebrey behauptet, zwischen diesen Veränderungen habe ein Zusammenhang bestanden: »Da der ideale Oberschicht-Mann der Sung-Zeit eine relativ zahme und kultivierte Gestalt war, konnte er effeminiert wirken, falls es nicht gelang, die Frauen noch zerbrechlicher, zurückhaltender und bewegungsunfähiger zu machen.«

Die Konstruktion von Gemeinschaften

Das Jahr 1983 kann als symbolisches Datum in der Herausbildung der konstruktivistischen Geschichtswissenschaft gelten, zumindest in der englischsprachigen Welt, denn damals erschienen zwei äußerst einflußreiche Bücher. Das eine stammte von Benedict Anderson, das andere war ein Sammelband, den Eric Habsbawm und Terence Ranger gemeinsam herausgaben.

Andersons *Imagined Communities* (*Die Erfindung der Nation*) ist das Werk eines Südostasienspezialisten mit globalem Interesse und einer globalen Vision. Zur umfangreichen Literatur über die Geschichte des modernen Nationalismus hat das Buch einen Beitrag geleistet, der zumindest in dreierlei Hinsicht bemerkenswert ist. Erstens zeichnet es sich durch eine besondere Perspektive aus, denn der Autor betrachtet Europa von außen her und befaßt sich intensiv mit der Geschichte Asiens und Amerikas. Zweitens war der kulturelle Ansatz in der Analyse politischer Prozesse damals ungewöhnlich. Der Autor sieht die Wurzeln der von ihm so genannten »Kultur des Nationalismus« nicht in der politischen Theorie, sondern in bewußten und halb bewußten Einstellungen gegenüber der Religion, der Zeit usw.

Ein dritter herausragender Aspekts des Buchs liegt in der Tatsache, daß Anderson besonderes Augenmerk auf die Geschichte der Vorstellungskraft legt, ein Umstand, der seinen Ausdruck in der geglückten und erfolgreichen Wendung »vorgestellte Gemeinschaften« fand. Er sagte viel über die Rolle der Druckmedien, vor allem der Zeitschriften, bei der Konstruktion neuer vorgestellter Gemeinschaften wie der Nationen anstelle älterer Gemeinschaften wie der Christenheit. Offenbar wußte Anderson nichts von den französischen Historikern, die sich kurz zuvor der *histoire de l'imaginaire social* zugewendet hatten, doch er schlug denselben Weg ein. Wie diese französischen Historiker, so glaubte auch er, daß die kollektive Phantasie und gemeinsame Bilder ein wichtige Rolle in solchen Prozessen spielen. Auch wenn er den Ausdruck »Konstruktion« nicht benutzte, wußte er doch um die Bedeutung des damit bezeichneten Prozesses.

Eine zentrale Stelle nimmt die Idee der Konstruktion dagegen in Hobsbawms und Rangers *The Invention of Tradition* ein, das einen der Hauptbegriffe der Kulturgeschichte einer erneuten Prüfung unterzieht. Der Aufsatzband ging aus einer von der Past and Present Society veranstalteten Tagung hervor, und die Tagung wiederum ging auf Eric Hobsbawms Gedanken zurück, wonach die Zeit von 1870 bis 1914 von besonderer Bedeutung für die Erzeugung neuer Traditionen war. Der Band umfaßt eine Reihe erhellender Fallstudien über England, Wales, Schottland sowie das britische Empire in Asien und Afrika, die sich mit dem Aufstieg des schottischen Kilt und des Lauchs (als Emblem für Wales) und vor allem mit neuen Ritualen des Königshauses und des Empire beschäftigen. In seiner Einleitung erweiterte Hobsbawm die Wirkung dieser Arbeiten durch eine allgemeine – und damals provozierende – These, wonach Traditionen, »die schon alt zu sein scheinen oder dies behaupten, in Wirklichkeit oft recht neuen Ursprungs und manchmal sogar erfunden« sind.

The Invention of Tradition trug zur Erneuerung einer der traditionellsten Formen von Kulturgeschichte bei, der Geschichte der Traditionen nämlich, doch die Rezeption des Buches scheint alle überrascht zu haben. Das Buch war weitaus erfolgreicher, als die Herausgeber oder der Verlag (Cambridge University Press) erwartet hatten. Den Wert der von Hobsbawm vorgetragenen Hypothese hinsichtlich des späten 19. Jahrhunderts belegten in der Folgezeit Studien über zahlreiche andere Teile der Erde, von Japan bis nach Brasilien. Doch im Verlauf dieser bereitwilligen Rezeption wurde die Botschaft des Buches neu interpretiert. Man verstand den Grundgedanken nun so, daß alle Traditionen erfunden seien. Hobsbawms einleitende Bemerkungen erscheinen heute eher konservativ als subversiv, wenn man die vielen Einschränkungen durch Ausdrücke wie »oft« oder »manchmal« und seine Warnung bedenkt, man solle »Stärke und Anpassungsfähigkeit echter Tradition« nicht mit Erfindung verwechseln.

Doch in anderer Hinsicht erwies Hobsbawm sich als wirklicher Prophet, als er auf die besondere Bedeutung der Erfindung von Traditionen für Nationen und den Nationalismus hinwies. Die Nation gilt heute als Paradebeispiel einer Konstruktion. Man denke an die oben erwähnte Vielzahl der Bücher, die das Wort »Erfindung« im Titel tragen.

Auf welchen Wegen kommt es zu solchen Erfindungen und Konstruktionen? Eine Reihe von Studien verweist auf die Bedeutung politischer Feste für die Konstruktion der Gemeinschaft, von mittelalterlichen Krönungsfeiern bis hin zu den Paraden der nordirischen Oranierorden am 12. Juli. Solche kollektiven Handlungen bringen die kollektive Identität der Teilnehmer nicht nur zum Ausdruck, sondern stärken sie auch.

Ungewöhnlicher ist die Darstellung der »Erschaffung der holländischen Nation« im 17. Jahrhundert, die Simon Schama in seinem Buch *The Embarrassment of the Riches* (1987 – *Überfluß und schöner Schein*) gibt. Die Holländer schufen eine neue Nation, die aus einem Aufstand gegen Philipp von Spanien hervorging. Sie waren eine Gruppe, die nach einer kollektiven Identität suchte. Sie fanden oder erschufen das Gesuchte zum Teil, indem sie sich mit den alten Bataviern identifizierten, die einst gegen das Römische Reich gekämpft hatten, wie sie gegen Spanien kämpften, und auch mit den Israeliten, die sich vom Ägypten des Pharaos losgesagt hatten.

Diesen beiden, von holländischen Historikern bereits vorgetragenen Punkten fügte Schama einen eigenen Gedanken hinzu. Angeregt von Mary Douglas und ihrer im dritten Kapitel bereits vorgestellten Arbeit über Reinheit, interpretierte er den Reinlichkeitswahn der Holländer des 17. Jahrhundert, den so viele Reisende bemerkten (und nicht immer wohlwollend kommentierten), als »Demonstration ihrer Besonderheit«. In Freuds Sprache ist die holländische Reinlichkeit ein Beispiel für den »Narzißmus der kleinen Unterschiede«, der dafür sorge, »daß gerade die geringfügigen Unterschiede zwischen Menschen, die einander ansonsten recht ähnlich sind, zu Entfremdung und Feindseligkeit zwischen ihnen führen«. In der Sprache Pierre Bourdieus illustriert sie die Suche nach *distinction*. In der Sprache des britischen Anthropologen Anthony Cohen zeigt sich darin die »symbolische Konstruktion einer Gemeinschaft«.[10]

10 Anton Blok, »The Narcissism of Minor Differences«, (1998), Wiederabdruck in: ders., *Honour and Violence*, Cambridge 2001; Anthony P. Cohen, *The Symbolic Construction of Community*, Chichester 1985.

Die Konstruktion der Monarchie

An drei in den 1990er Jahren erschienenen Studien über Rußland, Japan und Frankreich wollen wir uns die Verschiebung
von der Darstellung hin zur Konstruktion im politischen Bereich genauer ansehen.

Richard Wortman untersucht in seinem Buch *Scenarios of
Power* (1995) die Bedeutung des Mythos und des Zeremoniells
bei der Schaffung der russischen Monarchie. Der Autor stützt
sich auf kulturtheoretische Ansätze von Geertz bis Bachtin, und
obwohl er Goffman nicht zitiert, zeigt er doch eine Goffman-
sche Sensibilität für die Allgegenwart dramatischer Elemente,
zumindest am Hof und in dessen Umgebung. In den Mittelpunkt stellt das Buch die Idee des »Szenarios«, darunter auch
Szenarien der Eroberung, der Häuslichkeit, der Dynastie, der
Aufklärung, der Freundschaft, des Glücks, der Demut, der
Liebe, der Nationalität und der Reform. Krönungen, Hochzeiten, Begräbnisse, kirchliche Prozessionen und Militärparaden
werden als Formen der Bestätigung von Macht oder der Demonstration nationaler Einheit beschrieben.

Takashi Fujitani befaßt sich in seinem Buch *Splendid Monarchy: Power and Pageantry in Modern Japan* (1996) mit der Erfindung der Tradition in Japan nach der Restauration des Kaiser-
reichs 1868. Er schreibt: »Japans herrschende Eliten erfanden,
belebten, manipulierten und förderten nationale Rituale mit einer bis dahin unbekannten Macht«, um das einfache Volk in die
»Kultur der nationalen Gemeinschaft« einzubeziehen und ihm
das Bewußtsein zu geben, Objekt des kaiserlichen Blicks zu
sein. Besondere Bedeutung besaßen dabei die Umzüge und Prozessionen, die aus Anlaß von Thronbesteigungen, kaiserlichen
Hochzeiten oder Begräbnissen und von Rundreisen des Kaisers
durch die Provinzen veranstaltet wurden. Fujitani behauptet,
diese Rundreisen hätten »allein durch ihren Glanz und Pomp
Macht erzeugt, und nicht weil sie einen bestimmten Mythos
oder eine Ideologie vermittelten«. Wie in Rußland verstärkte

die Benutzung ausländischer Importgüter wie englischer Kutschen noch die Wirkung. Von Foucault angeregt, befaßt Fujinati sich mit dem »kaiserlichen Blick« und vermerkt, die Menschen hätten Angst gehabt, den Kaiser anzusehen, seien sich aber der Tatsache bewußt gewesen, daß der Kaiser sie ansah.

Es ist nicht immer klar, wo einzelne Historiker in der Frage der diskursiven Konstruktion sozialer Realität stehen. Deshalb habe ich mich entschlossen, hier eines meiner eigenen Bücher zu besprechen: *The Fabrication of Louis XIV* (1992 – *Ludwig XIV.: Die Inszenierung des Sonnenkönigs*). Wie bei den Zaren, so sehen wir auch bei Ludwig die Ritualisierung oder sogar Theatralisierung weiter Teile seines alltäglichen Lebens. Das Aufstehen und Zubettgehen, *le lever* und *le coucher*, wurden gleichsam als Ballett inszeniert (eine Kunstgattung, die Ludwig sehr schätzte und zuweilen selbst praktizierte). Auch königliche Mahlzeiten unterschiedlichen Formalisierungsgrades können als Aufführungen vor einem ausgewählten Publikum angesehen werden. Sie waren »Szenarien« im Wortmanschen Sinne.

Nehmen wir zum Beispiel die als *»les apartements«* bezeichnete Institution. Als Ludwig 1682 nach Versailles umgezogen war, öffnete er den Adligen einige seiner Räume im Schloß dreimal in der Woche für Billard, Kartenspiel, Konversation und Erfrischungen. Damit öffnete er Versailles für ein gewisses Maß an informellen Begegnungen. Doch es ist kaum übertrieben, wenn man auch diese Begegnungen als »Rituale« beschreibt, da sie eine Botschaft vermitteln sollten. Sie sollten die Zugänglichkeit des Königs für seine Untertanen demonstrieren (eine Zugänglichkeit, die etwa auch in der Prägung einer speziellen Medaille zum Ausdruck kam). In der Praxis versäumte Ludwig es schon bald, selbst zu erscheinen, doch das Theater der Zugänglichkeit blieb noch lange Zeit geöffnet.

Es ist schwierig, genau zu bestimmen, wieviel vom alltäglichen Leben des Königs unter die Rubrik »Ritual« fiel. Darum bietet die Erforschung seines Lebens eine Möglichkeit, über den

Wert und die Grenzen dieses Begriffs nachzudenken. Hier wie anderswo dürfte es aufschlußreicher sein, Aktivitäten als mehr oder weniger ritualisiert (als mehr oder weniger stereotyp, mehr oder weniger symbolisch) zu beschreiben, statt das Ritual als gesonderte Form von Handlung einzustufen.[11] Schließlich behaupteten Zeitgenossen, selbst die kleinsten Gesten des Königs seien einstudiert gewesen.

Bei der Analyse des Alltagslebens in Versailles erweist sich wieder einmal der Wert des Goffmanschen Werkes (siehe S. 59 f.). Der König war immer auf der Bühne, wenn er sich in den »vorderen Bereichen« des Schlosses bewegte. Dagegen kann man sein Arbeitszimmer, das *cabinet*, als »Backstage«-Bereich bezeichnen. Dort war der König allein mit Madame de Maintenon, die zunächst seine Mätresse, später dann seine Frau war (wie alle wußten, auch wenn sie es öffentlich nicht zu sagen wagten). Es ist ein Text erhalten geblieben, der sehr lebendig beschreibt, wie der König den Übergang vom hinteren in den vorderen Bereich vollzog, wie er sich sammelte und würdevoll zu blicken versuchte, wenn er durch die Tür trat, die seine Privaträume vom öffentlichen Bereich trennte. Damit beteiligte sich der König an der Schaffung eines Idealbilds seiner Person, das zur Erhaltung der königlichen Macht beitrug.

Neben dieser Selbstdarstellung gab es auch zahlreiche Skulpturen, Gemälde und Stiche sowie Gedichte, Geschichtswerke und Zeitschriften (einschließlich der offiziellen Gazette), in denen der König dargestellt wurde. Diese Texte und sonstigen Objekte geben Historikern die Möglichkeit, über das »öffentliche Bild« des Königs zu schreiben, ein Thema, für das Forscher sich interessieren, seit der Aufstieg der Werbung Ende des 19. Jahrhunderts unser Bewußtsein für Bilder geschärft hat.

Ich entschloß mich nicht nur deshalb, von der »Fabrikation« Ludwigs XIV. statt von der Fabrikation seines Bildes zu spre-

---

11 Catherine Bell, *Ritual Theory, Ritual Practice*, New York 1992.

chen, weil die Kürze den Titel dramatischer erscheinen ließ, sondern auch, um deutlich zu machen, daß der König ständig geschaffen und neu geschaffen wurde durch die Aufführungen, in denen er seine Rolle spielte – die »große Rolle«, wie ein schwedischer Historiker dies in einer Studie über König Gustav III. nannte.[12] Die Aufführungen und die zahlreichen Darstellungen dieser Aufführungen – Darstellungen von Darstellungen – machten Ludwig für verschiedene Gruppen des Publikums sichtbar: für seine Adligen, für das Volk, für ausländische Höfe und sogar für die Nachwelt. Diese Darstellungen wurden insofern Realität, als sie die politische Situation beeinflußten. Doch sie waren nicht die einzige Realität. Einige Zeitgenossen sahen durchaus Diskrepanzen, etwa zwischen Ludwigs öffentlichem Bild als Krieger und dem tatsächlichen Verhalten des Königs, der sich lieber vom Schlachtfeld fernhielt.

Im Zusammenhang mit dem Konstruktivismus dürfte es interessant sein, sich die ablehnenden Reaktionen auf mein Buch anzusehen. Einige traditionell ausgerichtete Historiker waren erstaunt, daß ich Ludwigs Bild so ernst nahm und diesem Thema ein ganzes Buch widmete, statt über seine Politik zu schreiben. Andererseits waren manche postmodernen Leser unglücklich über die Feststellung, daß es da auch etwas außerhalb des Textes gab, eine reale Person hinter den Darstellungen. Heutzutage haben Kulturhistoriker einen Drahtseilakt zu vollführen.

Die Konstruktion individueller Identitäten

Das Interesse an der Konstruktion von Identität ist ein wichtiges Merkmal der Neuen Kulturgeschichte, und das kann kaum überraschen in einer Zeit, in der die »Identitätspolitik« in so vielen Ländern zu einer wichtigen Frage geworden ist. So interessiert man sich zunehmend für persönliche Dokumente oder

---

12 Erik Lönneroth, *Den stora rollen: kung Gustav III spelad af honom själv*, Stockholm 1986.

»Ich-Dokumente«, wie die Holländer sagen. Diese Texte sind in der ersten Person geschrieben. Es handelt sich um Briefe oder Reisetagebücher der oben beschriebenen Art (siehe S. 88), um Tagebücher und Autobiographien von Künstlern oder Denkern, aber auch von Schneidern, Schustern, Zimmerleuten und anderen Handwerkern wie dem Glasmacher Jacques-Louis Ménétra aus Paris, dessen bemerkenswerte Beschreibung seines Lebens während der Französischen Revolution Daniel Roche entdeckt hat.[13]

Zunehmend interessiert man sich auch für die Rhetorik dieser Dokumente, die »Rhetorik der Identität«. So folgt man beim Schreiben von Briefen Konventionen, die je nach der Zeit, der gesellschaftlichen Stellung des Schreibenden und auch nach der Art des betreffenden Briefs variieren (der vertrauliche Brief zwischen Gleichgestellten folgt anderen Konventionen als der Brief eines Bittstellers an eine höhergestellte Person, und so weiter).

So untersuchte Natalie Davis in ihrem Buch *Fiction in the Archives* (1987 – *Der Kopf in der Schlinge*) »Gnadengesuche und deren Erzähler im Frankreich des 17. Jahrhunderts«. An diesen Geschichten von Tötungsdelikten, die angeblich »im Zorn« oder in Notwehr begangen wurden, und an den Gnadengesuchen, die wahrscheinlich von Anwälten im Auftrag ihrer Klienten an den König geschrieben wurden, interessieren Davis die »fiktionalen« Aspekte der Dokumente. Sie schreibt, mit »fiktional« meine sie nicht »erfunden«, sondern eher den anderen und weiteren Sinn der lateinischen Wurzel *fingere*, nämlich das Bilden, Gestalten und Formen von Elementen: die gleichsam handwerkliche Herstellung der Erzählung.

Wie bei diesen Gnadengesuchen, so hat man auch bei Autobiographien die traditionelle Vorstellung, sie entsprächen entweder der Wahrheit oder seien gelogen, durch einen subtileren Ansatz ersetzt, der die Konventionen oder Regeln der Selbstdar-

13 James S. Amelang, *The Flight of Icarus: Artisan Autobiography in Early Modern Europe*, Stanford 1998.

stellung in der betreffenden Kultur berücksichtigt: die Eigenwahrnehmung im Rahmen bestimmter Rollen (des ehrenwerten Mannes, der guten Hausfrau, des inspirierten Künstlers) und die Wahrnehmung des Lebens im Sinne einer bestimmten Erzählstruktur (des Aufstiegs vom Bettler zum reichen Mann, der Reue oder Bekehrung des Sünders).

Ein frühes Beispiel für diesen Ansatz ist William Tyndalls Buch *John Bunyan, Mechanick Preacher* (1934). Tyndall behandelte Bunyans Autobiographie *Grace Abounding to the Chief of Sinners* (*Überströmende Gnade*) im Stil der 1930er Jahre als ein Erzeugnis, das abgesehen von den literarischen Fähigkeiten rundum typisch für die Klasse sei, aus der Bunyan stammte, der Handwerkerschaft nämlich. Doch Tyndall ordnet *Grace Abounding* auch einer speziellen literarischen Gattung zu, der »enthusiastischen Autobiographie« oder Bekehrungserzählung, die in England Mitte des 17. Jahrhunderts vor allem bei radikalen protestantischen Sekten wie den Baptisten und Quäkern aufkam.

Die Werke dieser Gattung folgten dem Vorbild der *Bekenntnisse* des Augustinus und des Lebens des Apostels Paulus, wie es in der Apostelgeschichte dargestellt ist. Sie berichten von einem sündigen Leben, dem plötzlich ein dramatischer Sinneswandel folgt. Tyndall diskutiert die »Konventionen« dieses Genres, die »Auswahl-, Betonungs- und Anordnungsmuster« und die »strenge Formel von der Wiedergeburt« und erklärt dann, die Regeln für das Schreiben solch einer Geschichte stammten aus einer mündlichen Umgebung, der Gemeindeversammlung.

Auch andere wissenschaftliche Biographien konzentrieren sich auf die Selbstdarstellung und die Selbstformung der von ihnen behandelten Personen. Das gilt etwa für Stephen Greenblatts *Sir Walter Raleigh: The Renaissance Man and his Roles* (1973) wie auch für seine bekanntere Studie über *Renaissance Self-Fashioning from More to Shakespeare* (1980). Felipe Fernández-Armestos *Columbus* (1991) unterscheidet sich von früheren Kolumbusbiographien dadurch, daß sie die lebenslangen Bemühungen des großen Entdeckers um eine Verbesserung seiner Persönlichkeit in den Mittelpunkt rückt. Kolumbus sei selbst dann »exhibitionistisch« gewesen, wenn er sich demütig gab, und er habe eine »ungeheuer gut geschriebene« Rolle gespielt.

Auch der irische Historiker Roy Porter legt in einer vor kurzem erschienenen Yeats-Biographie großes Gewicht auf die Selbstdarstellung des Künstlers, auf seine Kleidung etwa (den schwarzen Mantel und den breiten Hut), seine theatralischen Gesten, seine Art, zu sprechen oder vielmehr seine Gedichte vorzutragen, seine Sorge um sein Porträt auf dem Frontispiz seiner Bücher, seine Autobiographien und sein Bemühen, »eine Legende um seine Person aufzubauen«, wie es ein Zeitgenosse 1915 ausdrückte. Auch Richard Ellmann hatte in einer früheren Studie bereits auf Yeats' »Posen« und »Masken« hingewiesen.[14]

Wachsendes Interesse zeigen Historiker auch an Menschen, die verschiedene Identitäten ausprobierten oder für sich konstruierten, die als etwas gelten wollten, was sie in Wirklichkeit nicht waren, etwa als Weißer oder als Mann oder als Angehöriger der Oberschicht und dergleichen. Einige bekannte Fälle von Frauen, die sich als Männer verkleideten und in Armee oder Marine dienten, bevor sie entdeckt wurden, haben im Zusammenhang mit dem neuen Interesse an der Identität und deren Formbarkeit wie auch mit der Geschichte der Frauen neue Bedeutung erlangt.[15]

Eine eher unbedeutende Figur, die auf diesem Wege zum Gegenstand wissenschaftlichen Interesses wurde, ist der Franzose George Psalmanazar, der eine Reihe von Laufbahnen ausprobierte, bevor er nach England ging und sich dort als Einwohner

---

14 Roy Foster, *W. B. Yeats*, Oxford 1997, S. 90, 100, 141, 345, 373, 492, 512, 515, 526-528. Vgl. Richard Ellmann, *Yeats: The Man and the Masks*, New York 1948.
15 Rudolf M. Dekker und Lotte van de Pol, *Vrouwen en Mannenkleren*; Amsterdam 1989; dt.: *Frauen in Männerkleidern. Weibliche Transvestiten und ihre Geschichte*, Berlin 1990; Elaine K. Ginsburg (Hg.), *Passing and the Fictions of Identity*, Durham, N. C., 1996.

der Insel Formosa ausgab. 1704 veröffentlichte er eine ausführliche Beschreibung der Insel, wurde dann aber als Betrüger entlarvt. In einer neueren Studie heißt es, Psalmanazar »spielte zahlreiche Rollen [. . .]. Er war Japaner, Formosaner, Franzose, Holländer, Jude, Student, Abenteurer, Flüchtling, Soldat, Konvertit, Polemiker, Betrüger, Gelehrter, Tagelöhner, Unternehmer, Büßer, Vorbild und Ältester.«[16]

Performances und Anlässe

Man könnte in Psalmanazar einen begabten Schauspieler sehen, und das jüngste Interesse an seiner Karriere mag als Symptom einer »performativen Wende« in der Kulturgeschichte gelten. Auf die Bedeutung des dramaturgischen Modells in den 1950er und 1960er Jahren habe ich bereits hingewiesen (siehe S. 57). Mit dem Beginn der 1970er Jahre kam es jedoch schrittweise zu einem subtilen kollektiven Wandel in der Art, wie man dieses Modell einsetzte.

Performative Kulturgeschichte
Wie ihre Kollegen aus anderen Fachgebieten, so haben auch Historiker sich vom Begriff des sozialen »Drehbuchs« oder »Skripts« abgewandt und sich statt dessen dem Begriff der sozialen *performance* genähert, der in den 1970er Jahren von Anthropologen aufgebracht wurde, die sich mit Klatsch und Ritualen beschäftigten. Wenig später formulierte ein anderer Anthropologe, Marshall Sahlins, eine allgemeinere Vorstellung von Kultur als einer Reihe von Rezepten zur Ausführung »performativer Akte«. Den Ausdruck hatte er bei dem englischen Philosophen John Austin entlehnt, der »Sprechakte« wie »Ich taufe dieses Schiff« oder – im Kontext der Heirat – »Ich will« untersucht

16 Richard M. Swiderski, *The False Formosan: George Psalmanazar and the Eighteenth-Century Experiment of Identity*, San Francisco 1991, S. 252.

hatte, also Äußerungen, die eine Situation nicht beschreiben, sondern erst herstellen.[17]

Die Geschichte der politischen Ideen ist in dieser Perspektive neu geschrieben worden, insbesondere von Quentin Skinner in seinem Buch *Foundations of Modern Political Thought* (1978), der sich bei den von ihm behandelten Autoren vor allem dafür interessierte, was sie beim Schreiben ihrer Bücher taten und worum es in ihrer Argumentation ging, also dafür, was Austin die »illokutionäre Kraft« genannt hatte. Indem Skinner sich auf Worte als Handlungen innerhalb eines politischen, sozialen und intellektuellen Kontexts konzentrierte, leistete er einen Beitrag zu einer, wie er sagte, »Geschichte der politischen Theorie mit einem genuin historischen Charakter«.[18]

Ein weiteres, außerhalb Frankreichs weniger bekanntes Beispiel ist Christian Jouhauds Buch *Mazarinades* (1985), eine Studie über etwa fünftausend Pamphlete gegen das Regime des Kardinals Mazarin Mitte des 17. Jahrhunderts. Jouhaud verwarf den statistischen Ansatz, den einige seiner Vorgänger bei der Auswertung dieser Pamphlete eingesetzt hatten (siehe S. 35 f.), und er sah in diesen *mazarinades* auch keine »Spiegelung« der öffentlichen Meinung dieser Zeit. Der »fließende« Charakter ihres Diskurses mache es unmöglich, sich diesen kaum zu greifenden Texten in herkömmlicher Weise zu nähern. Statt dessen fragt der Autor wie Austin und Skinner: »Was tut dieses Schreiben?« Und er stellt diese Texte als Akte dar, das heißt als Texte, bei denen sich die Frage nach ihren Strategien und Taktiken, ihrer Inszenierung, ihrer Rezeption und ihrer Wirksamkeit stellt.

Öffentliche Feste eignen sich offensichtlich noch eher für

---

17 Marshall Sahlins, *Islands of History*, Chicago 1985; dt.: *Inseln der Geschichte*, Hamburg 1992; John Austin, *How to Do Things With Words*, Oxford 1962; dt.: *Zur Theorie der Sprechakte*, Stuttgart 1972.
18 Zu Historikern und Sprechakten siehe James Tully (Hg.), *Meaning and Context: Quentin Skinner and His Critics*, Cambridge 1988; und Maria Lúcia Pallares-Burke, *The New History: Confessions and Conversations*, Cambridge 2002, S. 212-240.

eine Analyse, die mit dem Begriff der *Performance* arbeitet, und sie sind tatsächlich in dieser Weise analysiert worden, zum Beispiel die Krönung der englischen Königin Elizabeth II., die als »Konsens-*Performance*« interpretiert worden ist, oder auch Volksfeste in Venezuela, die als *Performances* des Nationalismus dargestellt wurden. Gedenkfeiern sind als Geschichts- oder Gedenk-*Performances* bezeichnet worden. Die Geschichte des Tanzes, die einst Spezialisten vorbehalten war, wird heute auch von Kulturhistorikern ernst genommen und in ihrer Beziehung zu Politik und Gesellschaft diskutiert.[19]

Das Konzept der *Performance* wird auch bei der Analyse des Alltagslebens eingesetzt, zum Beispiel im Sinne einer Aufführung der ethnischen Zugehörigkeit, des Geschlecht, der Ehre, des Höflingstums, des Adels oder der Sklaverei. So stellt Michael Herzfeld in seiner Ethnographie eines Dorfes auf Kreta das Kaffeehaus als Bühne für die Aufführung von Männlichkeit durch ritualisierte Aggression dar – durch Kartenspiele zum Beispiel, in denen »fast jeder Zug mit aggressiven Gesten ausgeführt wird, vor allem indem der Spieler beim Abwerfen der Karte mit den Knöcheln auf den Tisch schlägt«.[20]

Auch Unterwürfigkeitsgesten von Sklaven gegenüber ihren Herren werden als »Aufführungen«, als »gespielt« und als Übertreibungen interpretiert (siehe S. 60). Ebenso die ehrerbietende Haltung von Mitgliedern der Arbeiterklasse. Andererseits schreibt der Anthropologe James Scott: »Wenn Unterordnung eine glaubwürdige Darbietung von Demut und Ehrerbietung

19 Gilliam McIntosh, *The Force of Culture: Unionist Identities in 20th-Century Ireland*, Cork 1999, S. 103-143; David M. Guss, *The Festive State: Race, Ethnicity and Nationalism as Cultural Performance*, Berkeley 2000, S. 24-59; Neil Jarman, *Material Conflicts*, Oxford 1997, S. 1-21; Rudolf Braun und David Gugerli, *Macht des Tanzes – Tanz der Mächtigen. Hoffeste und Herrschaftszeremoniell, 1550-1914*, München 1993; Audrée-Isabelle Tardif, »Social Dancing in England 1660-1815«, Diss. Cambridge 2002.
20 Michael Herzfeld, *The Poetics of Manhood*, Princeton 1985, S. 51, 155.

erfordert, so scheint auch Herrschaft eine glaubwürdige Darbietung von Hochmut und Überlegenheit zu erfordern.«[21]

Sprachwissenschaftler sprechen heute von »Identitätsakten«, um die Tatsache herauszustellen, daß Sprache Identität herstellt oder an ihrer Herstellung beteiligt ist und sie zugleich zum Ausdruck bringt. Wachsendes Interesse findet auch die *Performance* von Metaphern. So kann das Fegen des Fußbodens ein Symbol für innere Ordnung sein. Und ethnische Säuberungen sind möglicherweise eine Inszenierung der Reinheitsmetapher.[22]

Der Ausdruck *Performance* wird sogar in der Architektur verwendet und entfaltet dort eine ältere Vorstellung von Gebäuden oder Plätzen als Bühnen. Zu Zeiten Papst Alexanders VII., der den Auftrag zum Bau des Petersplatzes in Rom gab, wurde dieser Platz als »Theater« beschrieben. Die Architektur ist eine kollektive Kunst, bei der die Baupläne als ein »Drehbuch« gelten können, das den Handwerkern Spielraum für Improvisation läßt.[23]

Was bedeutet der Aufstieg des *Performance*-Begriffs? Hier ist es wichtig, sich einmal anzusehen, was er zurückweist. Die Vorstellung fester kultureller Regeln wird aufgegeben und durch die Idee der Improvisation ersetzt. Pierre Bourdieu, der zu den Hauptinitiatoren dieses veränderten Ansatzes zählte – auch wenn er den Ausdruck *Performance* selten benutzte – führte seinen Begriff des »Habitus« (als Prinzip geregelter Improvisation) ein, um damit dem strukturalistischen Verständnis der Kultur

---

21 James S. Scott, *Domination and the Art of Resistance*, New Haven 1990, S. 11. Im Mittelpunkt des Buches steht die Diskrepanz zwischen öffentlicher Darbietung und privaten Einstellungen (»verborgene Abschriften«).
22 Robert Le Page und Andrée Tabouret-Keller, *Acts of Identity*, Cambridge 1985; James Fernandez, »The Performance of Ritual Metaphors«, in: J. David Sapir und J. Christopher Crocker (Hg.), *The Social Use of Metaphor*, Philadelphia 1977, S. 1-31.
23 Richard Krautheimer, *The Rome of Alexander VII*, Princeton 1985, S. 4-6; Christopher Heuer, »The City Rehearsed: Hans Vredeman de Vries and the Performance of Architecture«, Diss. Berkeley, in Arbeit.

als eines Systems von Regeln entgegenzutreten, das er als zu starr empfand.

Mit der Improvisation im wörtlichen Sinne haben sich diverse Studien zur oralen Kultur befaßt. Eine der wichtigsten Studien dieser Art, die von Kulturhistorikern leider immer noch viel zu wenig beachtet werden, ist ein Buch, das großen Eindruck auf mich machte, als es damals erschien, nämlich Albert Lords *The Singer of Tales* (1960 – *Der Sänger erzählt*).[24] Lord hatte Milman Parry in den 1930er Jahren nach Jugoslawien begleitet. Parry, Professor für antike Sprachen in Harvard, glaubte, daß die *Ilias* und die *Odyssee* ursprünglich mündlich vorgetragen und erst später aufgeschrieben wurden.

Um diese Hypothese zu überprüfen, fuhren Parry und Lord nach Bosnien, wo man in Tavernen und Kaffeehäusern immer noch Ependichter und Sänger antreffen konnte. Sie nahmen Hunderte solcher epischen Erzählungen auf und analysierten sie. Dabei fanden sie heraus, daß manche Dichter »dieselbe« Geschichte bei verschiedenen Gelegenheiten kürzten oder verlängerten oder in anderer Weise abwandelten. Kurz gesagt, die Dichter improvisierten.

Sie konnten ihre Geschichten deshalb stundenlang auswendig erzählen, weil sie einen Rahmen aus »Formeln« und »Themen« benutzten, wie Parry und Lord dies nannten. Auch hier finden wir wieder eine Betonung kultureller Schemata, diesmal auf zwei verschiedenen Ebenen. Eine Formel ist eine wiederkehrende Wendung aus zwei oder mehreren Worten wie »über die weite Ebene« oder »das dunkelgrüne Meer«, um ein Beispiel von Homer zu nennen. Ein Thema ist gleichsam eine erweiterte Formel, eine wiederkehrende Episode wie das Absenden eines Briefs oder die Bewaffnung des Helden, eine Episode mit einer

24 Ein Versuch, diesen Ansatz für die Erforschung volkstümlicher Performances zu nutzen, findet sich in: Peter Burke, *Popular Culture in Early Modern Europe*, London 1978; dt.: *Helden, Schurken und Narren. Europäisches Volksleben in der frühen Neuzeit*, Stuttgart 1981, S. 136-149.

Grundstruktur, die es dem Sänger ermöglicht, die Geschichte je nach Anlaß des Vortrags und nach seinen Fähigkeiten »auszuschmücken«.

Seit die Oralität nach der Lese- und Rechenfähigkeit gleichfalls zum Thema historischer Forschung geworden ist, entdekken die Historiker zahlreiche Formeln und Themen dieser Art, ganz abgesehen davon, daß sie auch Gerüchten, Balladen und Volkserzählungen größere Aufmerksamkeit schenken.[25] Dennoch hat die in *The Singer of Tales* vorgestellte Analyse bis heute nicht ihresgleichen gefunden.

In den 1980er Jahren erfuhr die Idee der *Performance* eine Bedeutungserweiterung. Ältere Studien gingen oft davon aus, daß Rituale und Feste in ihrem Ablauf relativ eng einem Text folgten, da im 16. und 17. Jahrhundert zahlreiche Beschreibungen von Festen im Druck erschienen, zuweilen sogar, bevor das Fest stattgefunden hatte. In der Regel waren diese Texte illustriert, so daß manche Forscher meinten, man könne die Ikonographie der Feste in ähnlicher Weise analysieren, wie Panofsky und andere die Ikonographie von Gemälden untersuchten.

Neuere Studien über Feste betonen dagegen, *Performance* sei »niemals bloße Inszenierung« oder bloßer Ausdruck, sondern spiele eine aktive Rolle, da die Bedeutung bei jeder Gelegenheit neu geschaffen werde. Heute betont man eher die Vielfalt und auch Gegensätzlichkeit der Bedeutungen ein und desselben Festes, zum Beispiel eines religiösen Festes in Südamerika, das für manche Teilnehmer mit katholischen Assoziationen, für andere dagegen mit Assoziationen an afrikanische Religionen verbunden ist.

Historiker des mittelalterlichen und frühneuzeitlichen Eu-

25 Ein frühes Beispiel ist Robert W. Scribner, »Oral Culture and the Diffusion of Reformation Ideas« (1984), Wiederabdruck in: ders., *Popular Culture and Popular Movements in Reformation Germany*, London 1987, S. 49-70. Ein Überblick über neuere Arbeiten zu Großbritannien findet sich bei: Adam Fox und Daniel Woolf (Hg.), *The Spoken Word: Oral Culture in Britain, 1500-1850*, Manchester 2003.

ropa haben sich häufig mit den Prozessionen beschäftigt, die bei religiösen und weltlichen Festen eine so wichtige Rolle als Darstellungen oder Verkörperungen der sozialen Struktur der jeweiligen Gemeinschaft spielten. Dabei dürfen wir allerdings nicht übersehen, daß in diesen Fragen keineswegs vollkommene Einhelligkeit bestand, ja, daß es selbst bei den feierlichsten Anlässen zu tätlichen Auseinandersetzungen kommen konnte, weil man hinsichtlich der Stellung innerhalb der Gemeinschaft unterschiedlicher Auffassung war und jede Seite meinte, sie habe das Recht, innerhalb der Prozession vor der anderen zu gehen.

Daher fragt man heute eher, was da falsch lief und welche unterschiedlichen Auslegungen das »Drehbuch« erfuhr. So kritisiert Thomas Laqueur in einer Studie über Hinrichtungen Foucault und andere, weil sie sich zu sehr auf die »gerichtliche Dramaturgie« konzentriert hätten, und legt sein Augenmerk vor allem auf die Reaktionen der Menge und die »unerwarteten Wendungen«, die ein Spektakel nehmen konnte, das keineswegs festgelegt war, wie es den Anschein haben mochte.[26]

Aus dem Tagebuch des päpstlichen Zeremonienmeisters Paris de Grassis können wir ersehen, was bei päpstlichen Ritualen im Rom der Renaissance geschehen sollte und was tatsächlich geschah. So hatte Grassis es mit einem älteren Kardinal zu tun, der nicht mehr lange stehen oder knien oder gar in Prozessionen gehen konnte. Noch schwieriger gestaltete sich seine Aufgabe, weil der damalige Papst, Julius II., an Gicht litt und nicht an allen Stellen, an denen die Liturgie es verlangte, sein Knie beugen konnte. Er legte auch nicht gerne feierliche Gewänder an, sondern erschien zuweilen auch ohne Stola, wenn die Etikette dies eigentlich verlangte. Außerdem war er ungeduldig gegenüber dem Protokoll. Als der Zeremonienmeister ihm einmal sagte, was er als nächstes tun solle, lächelte der Papst und sagte,

26 Thomas W. Laqueur, »Crowds, Carnival and the State in English Executions, 1604-1868«, in: A. Lee Beier und David Cannadine (Hg.), *The First Modern Society*, Oxford 1989.

er wolle die Dinge ganz einfach und nach seiner eigenen Art tun.[27]

Der Aufstieg des Okkasionalismus

Die obengenannten Studien über *Performance* oder das Leben als *Performance* zeigen, daß wir auf einem geisteswissenschaftlichen Fachgebiet nach dem anderen eine stille Revolution erlebt haben. Wenn ich den Vorschlag mache, diese Entwicklung »Okkasionalismus« zu taufen, passe ich damit eine von Kant für Spätcartesianer wie Malebranche geprägte Bezeichnung an die Bedürfnisse der Kulturhistoriker an.

Wie wir gesehen haben, variieren dieselben Rituale oder Geschichten je nach Anlaß, während der Ausdruck der Ehrerbietung nur so lange anhält, wie man dem Blick des Herrn ausgesetzt ist. Wenn wir Beispiele dieser Art verallgemeinern, können wir sagen, daß derselbe Mensch bei verschiedenen Anlässen (in verschiedenen Augenblicken, an verschiedenen Orten) oder in verschiedenen Situationen und in Anwesenheit unterschiedlicher Leute ein unterschiedliches Verhalten an den Tag legt.

Der von mir so genannte »Okkasionalismus« bedeutet zwar keinen vollkommenen Übergang vom sozialen Determinismus zur individuellen Freiheit, aber doch eine Verschiebung weg von der Idee festgelegter, an Regeln ausgerichteter Reaktionen hin zur Vorstellung eines flexiblen Verhaltens, das sich an der »Logik« oder »Definition der Situation« orientiert, um einen berühmten Ausdruck des amerikanischen Soziologen William I. Thomas aufzugreifen. Eines der lebendigsten Beispiele für diese Entwicklung bieten Erving Goffmans Arbeiten über Selbstdarstellung (siehe S. 59 f.), der gleichfalls Soziologe war und gleichfalls in Chicago lehrte. In den 1950er Jahren stand dieser okka-

27 Peter Burke, *Historical Anthropology of Early Modern Italy*, Cambridge 1987; dt.: *Städtische Kultur in Italien zwischen Hochrenaissance und Barock. Eine historische Anthropologie*, Berlin 1986, S. 198 f.; ich habe ein paar weitere Einzelheiten aus dem Tagebuch hinzugefügt.

sionalistische Ansatz im Gegensatz zu den vorherrschenden Formen der soziologischen und geschichtswissenschaftlichen Analyse. In den letzten Jahren scheint man ihm jedoch überall, in den unterschiedlichsten Zusammenhängen und auf den unterschiedlichsten Gebieten, zu begegnen.

Auf dem Gebiet der Sprache etwa haben die Historiker von den Soziolinguisten gelernt, Anlässe und Gelegenheiten zu untersuchen, bei denen zweisprachige Menschen von einer in die andere Sprache wechseln, während andere die sogenannte »Diglossie« praktizieren, das heißt, sie benutzen eine »hohe« Form ihrer Sprache, um über Politik zu diskutieren, und eine »niedere« Form, um sich über Fußball zu unterhalten.

Zweisprachigkeit ist ein Beispiel für ein allgemeineres Phänomen, das man als »Bikulturalismus« bezeichnen könnte. In unseren Augen ist die Handschrift Ausdruck der Persönlichkeit. Doch im Frankreich des 16. Jahrhunderts zum Beispiel konnte die Handschrift je nach Anlaß stilistisch variieren. Spezielle Stile der Handschrift – die des Höflings, die des Sekretärs, die des Kaufmanns – wurden mit bestimmten Funktionen wie der Buchführung oder dem Schreiben persönlicher Briefe assoziiert. Im frühneuzeitlichen Ungarn kam es sogar vor, daß jemand bei einer Gelegenheit mit seinem Namen, bei einer anderen dagegen mit einem Kreuz zeichnete.

Auch manche Kunsthistoriker sehen den Stil heute nicht mehr nur in seiner Beziehung zu unterschiedlichen Epochen oder Personen, sondern auch zu unterschiedlichen Anlässen. So haben Renaissanceforscher im Werk von Malern oder Bildhauern wie Pisanello oder Veit Stoß einen Wechsel vom gotischen zum klassisch-antiken Stil beobachtet, wenn das Genre oder der Auftraggeber dies verlangten.[28]

28 Thomas DaCosta Kaufmann, *Court, Cloister and City: The Art and Culture of Central Europe, 1450-1800*, Chicago 1995; dt: *Höfe, Klöster und Städte. Kunst und Kultur in Mitteleuropa, 1450-1800*, Köln 1998, insb. S. 53-80, 95-101.

Ähnliches gilt für den Prozeß der Zivilisation, den Norbert Elias 1939 in seiner klassischen Studie behandelte (siehe S. 20). In der Geschichte des Humors etwa erwies sich die von Elias vorgetragene These als problematisch, weil die Angehörigen der Oberklasse zwar im Verlaufe des 17. und 18. Jahrhunderts tatsächlich aufhörten, in der Öffentlichkeit oder in gemischter Gesellschaft über bestimmte Scherze oder Witze zu lachen, dies aber an anderen Orten durchaus weiterhin taten. Mitglieder der Oberschicht, vor allem Damen, hatten offenbar das Gefühl, ihr hoher gesellschaftlicher Status verbiete es ihnen, über »niedere« Scherze zu lachen, wenn Menschen aus anderen Schichten sie sehen oder hören konnten. Im Herrenzimmer dagegen, fern von den Damen, durften die viktorianischen Gentlemen solche Witze weiterhin genießen. Die Damen taten dies möglicherweise ebenfalls, wenn keine Männer zugegen waren.

Dekonstruktion

Manchen Forschern erscheinen die Vorstellungen früherer Historikergenerationen heute als naiver Realismus, doch hier sollte man nicht übertreiben. Einige von ihnen waren sich durchaus der aktiven Rolle des Historikers bei der Konstruktion sozialer Kategorien bewußt. So bemerkte Frederick William Maitland schon in den 1880er Jahren: »Wollte man fragen, wer den Feudalismus in England einführte, wäre es, entsprechend erläutert, eine gute Antwort, wenn man sagte, das sei Henry Spelman gewesen« (ein Gelehrter des 17. Jahrhunderts, der sich für die Geschichte des mittelalterlichen Rechts interessierte).[29]

Und der französische Historiker Lucien Febvre schrieb, unsere Väter hätten die Renaissance erschaffen, denn jede Zeit erschaffe sich das geistige Bild der historischen Vergangenheit

29 F. W. Maitland, *The Constitutional History of England* (1888), posthum erschienen Cambridge 1908, S. 142.

(*chaque époque se fabrique mentalement sa représentation du passé historique*).[30] Andere Historiker sprachen vom »Mythos Renaissance«, um deutlich zu machen, daß es sich bei diesem Begriff nicht um eine objektive Beschreibung, sondern um eine Projektion von Werten in die Vergangenheit handele.

Wieder andere Forscher wußten sehr wohl um das Verhältnis zwischen Geschichte und Mythos. Francis Cornfords *Thucydides Mythistoricus* (1907), eine Studie über den »Mythos« in der von Thukydides verfaßten Geschichte und über Analogien zwischen seinem Werk und der griechischen Tragödie, erschien fast siebzig Jahre vor Hayden Whites *Metahistory* (1973 – siehe S. 119) und anderen Studien der »*mythistory*«, wie man sie gelegentlich nennt.

Auch Nationen galten nicht immer als unveränderlich. Gleich im ersten Satz des berühmten Buchs von Americo Castro *La realidad histórica de España* (1948 – *Spanien. Vision und Wirklichkeit*) heißt es, ein Land sei keine ein für allemal festgelegte Entität. Wie jede andere Nation, so sei auch Spanien ein problematisches Subjekt, das sich erst selbst erfinden und in seiner Existenz erhalten mußte. Das Buch des mexikanischen Historikers Edmundo O'Gorman über die Erfindung Amerikas (*La invención de América*) erschien 1958. Damals klang seine Behauptung, die Entdeckung sei weniger wichtig gewesen als das Wissen um einen vierten Kontinent, eher abwegig, doch inzwischen ist dieser Gedanke fast ein Gemeinplatz.

Allerdings reicht die Idee der Konstruktion heute sehr viel weiter. In seiner Studie über Identität in Afrika, *Logiques métisses* (1990), behauptet der französische Anthropologe Jean-Loup Amselle, die Fulani oder Bambara dürften nicht als Stämme und nicht einmal als ethnische Gruppen angesehen werden, sondern als Teile eines »Systems von Transformationen«. Es gebe keine scharfen kulturellen Grenzen zwischen diesen Grup-

---

30 Lucien Febvre, *Pour une histoire à part entière*, Paris 1962 (1925); dt.: *Der neugierige Blick. Leben in der Renaissance*, Berlin 1989.

pen, und der Einzelne besitze eine fließende Identität oder mehrere Identitäten und grenze sich selbst von verschiedenen »Anderen« je nach den Umständen ab. Die Identität werde ständig rekonstruiert und neu verhandelt.

Die konstruktivistische Reaktion auf eine simplifizierende Sicht der Kulturen oder sozialen Gruppen als homogener, klar von der Außenwelt abgegrenzter Entitäten ist durchaus heilsam. Die Kritik, die Amselle und andere am »Essentialismus« üben, könnte nicht nur bei der Betrachtung von Kulturen wie der Fulani oder von sozialen Gruppen wie der Bourgeoisie nützlich sein, sondern auch bei der Erforschung von Bewegungen oder Epochen wie der Renaissance oder der Reformation, der Romatik oder des Impressionismus. Dennoch wirft die Idee der kulturellen Konstruktion Probleme auf, die noch längst nicht gelöst sind, insbesondere die drei Fragen: Wer konstruiert hier? Unter welchen einschränkenden Bedingungen? Aus welchem Material?

»Wer erfand Irland?« fragte Declan Kiberd am Anfang seines Buchs *Inventing Ireland* (1996), und er stellte fest, die im Exil lebenden Iren hätten einen überproportionalen Beitrag zur Idee einer irischen Nation geleistet, und auch die Engländer hätten bei der Konstruktion mitgewirkt. Die Rolle des Westens bei der Konstruktion des »Orients« als Gegenbild liegt auf der Hand. Unklar ist jedoch bisher die relative Bedeutung der einzelnen Gruppen – der Reisenden, der Gelehrten, der Missionare, der Bürokraten usw. Dasselbe gilt für die relative Bedeutung individueller und kollektiver Erfindung und für die Frage, wie kollektive Kreativität funktioniert, zum Beispiel über kollektive Rezeption.

Ein zweites Problem betrifft die kulturellen oder sozialen Beschränkungen, denen der Prozeß der Konstruktion möglicherweise unterworfen ist. Ganz gewiß ist nicht alles zu jeder Zeit vorstellbar, etwa daß eine Gruppe spanischer Amerikaner nach der Erlangung der Unabhängigkeit von Spanien jedes Argentinien hätten erfinden können, das sie sich nur wünschen mochten. Die Idee der kulturellen Konstruktion entwickelte sich als Teil einer gesunden Reaktion auf Vorstellungen eines ökonomischen und sozialen Determinismus, aber wir müssen uns auch vor einer Überreaktion hüten. Die Historiker müssen die Grenzen kultureller Formbarkeit erkunden, die manchmal in ökonomischen oder auch politischen Faktoren und manchmal in kulturellen Traditionen begründet sein mögen, welche allerdings gleichfalls verändert werden können – zumindest in gewissem Grade.

Ein drittes Problem betrifft gleichsam das Baumaterial der kulturellen Konstruktion. Ganz sicher handelt es sich nicht um eine *creatio ex nihilo*. Schon Eric Hobsbawm verwies in seiner Einleitung zu *The Invention of Tradition* auf »die Verwendung alten Materials«. Ich möchte noch etwas weiter in diese Richtung gehen und mit einem Ausdruck aus der Kosmologie sagen, daß die Weitergabe von Traditionen (also die von Bourdieu so genannte »kulturelle Reproduktion«) eher einen Prozeß »kontinuierlicher Schöpfung« darstellt. Ganz gleich, was die Vermittler einer Tradition bei der Weitergabe an die folgende Generation über ihr eigenes Tun denken, es handelt sich dabei unausweichlich um eine Rekonstruktion, um eine Tätigkeit also, die von Lévi-Strauss als *bricolage* und von Certeau als »Wiederverwendung« bezeichnet worden ist (siehe S. 115 f.).

Die treibende Kraft hinter diesem Prozeß liegt zum Teil in dem Bedürfnis, alte Ideen an neue Umstände anzupassen, zum Teil in Spannungen zwischen traditionellen Formen und neuen Botschaften, zum Teil auch in dem »inneren Konflikt der Tradition«, dem Konflikt zwischen dem Versuch, für die Probleme der Menschen universelle Lösungen zu finden, und den Erfordernissen oder der Logik der Situation. In religiösen oder politischen Bewegungen führen die unvermeidlichen Unterschiede zwischen dem Gründer und den Nachfolgern zu kulturellen Polaritäten. Die Botschaft des Gründers ist oft vieldeutig. Manche würden sogar behaupten, solche Gründer seien gerade deshalb erfolgreich, weil ihre Lehren für viele verschiedene Menschen so viele verschiedene Bedeutungen haben. Wenn die Nachfolger die Botschaft des Gründers interpretieren, kommen die latenten Widersprüche an den Tag.[31]

Die genauere Erforschung dieses Prozesses bleibt der Zukunft vorbehalten. Der Frage nach der Zukunft der Kulturgeschichte werden wir im folgenden Kapitel nachgehen.

31 Benjamin Schwartz, »Some Polarities in Confucian Thought«, in: David Nivison und Arthur Wright (Hg.), *Confucianism in Action*, Chicago 1959, S. 50-62; J. C. Heesterman, »India and the Inner Conflict of Tradition« (1973), Wiederabdruck in: ders., *The Inner Conflict of Traditions*, Chicago 1985, S. 10-25.

Sechstes Kapitel
Jenseits der kulturellen Wende?

Der Ausdruck »Neue Kulturgeschichte« schien gut gewählt, als er Ende der 1980er Jahre geprägt wurde, ähnlich dem der *New History* in den USA kurz nach 1910. Leider ist Neuheit ein kulturelles Kapital, das sehr rasch an Wert verliert. Inzwischen ist die Neue Kulturgeschichte über zwanzig Jahre alt. Sieht man sich die chronologisch geordnete Literaturliste am Ende dieses Buches an, erkennt man, daß die Neue Kulturgeschichte sogar schon über dreißig Jahre alt ist, denn der wirkliche Durchbruch erfolgte bereits in den 1970er Jahren, ein Jahrzehnt vor der Erfindung der Bezeichnung. Aus derselben Liste geht hervor, daß zwar auch in den 1980er Jahren noch viele innovative Arbeiten entstanden – man beachte zum Beispiel Umfang und Qualität der Werke, die 1988 erschienen –, doch in den 1990er Jahren ließ die Produktivität schrittweise nach. Der Beginn des neuen Jahrtausends scheint eine Zeit der Besinnung, der Bestandsaufnahme und der Konsolidierung zu sein, in der auch das vorliegende Buch seinen Platz hat. Es muß jedoch gesagt werden, daß solche Bestandsaufnahmen meist auf die kreativste Phase einer kulturellen Bewegung folgen.

Bedenkt man außerdem, daß die Neue Kulturgeschichte auch heftig kritisiert worden ist, können wir uns kaum der Frage entziehen, ob die Zeit für eine noch neuere Phase gekommen sein mag oder ob diese Phase nicht vielleicht schon begonnen hat. Wir können uns auch fragen, ob wir uns auf eine noch radikalere Bewegung gefaßt machen müssen oder eher mit einer Annäherung an traditionellere Formen der Geschichtsschreibung rechnen sollten.

Wie stets sind hier Unterscheidungen angebracht. Wir müssen zwischen unseren Wünschen und unseren Erwartungen, zwischen langfristigen und kurzfristigen Entwicklungen unterscheiden. Was nun Voraussagen angeht, wird man allenfalls langfristige Trends extrapolieren können, selbst wenn wir aus der Vergangenheit wissen, daß die Zukunft mehr als nur die Fortsetzung solcher Trends sein wird. Wir müssen damit rechnen, daß es zu Gegenreaktionen auf diese Trends kommt, zu Versuchen, in die Vergangenheit zurückzukehren, auch wenn wir wissen, daß eine schlichte Rückkehr in die Vergangenheit unmöglich ist.

Am sinnvollsten ist es wahrscheinlich, alternative Szenarien zu erörtern. Eine Möglichkeit könnte man als »Burckhardts Rückkehr« bezeichnen, wobei Burckhardts Name als Kürzel oder Symbol für eine Wiederbelebung der traditionellen Kulturgeschichte steht. Eine zweite Möglichkeit ist die weitere Ausdehnung der neuen Kulturgeschichte auf weitere Gebiete. Eine dritte Möglichkeit wäre eine Gegenbewegung zur konstruktivistischen Reduktion der Gesellschaft auf Kultur, also gleichsam eine »Rache der Sozialgeschichte«.

Burckhardts Rückkehr

In gewisser Weise können wir gar nicht von einer Rückkehr Burckhardts sprechen, da der alte Mann die Stadt nie verlassen hat. Das heißt, auch im Zeitalter der begeisterten Hinwendung zur Volks- und Populärkultur in den 1970er und 1980er Jahren wurde die Geschichte der Hochkultur zum Beispiel der Renaissance oder der Aufklärung niemals aufgegeben, auch wenn sie im Kampf um akademische Ressourcen ein wenig zu kurz kam.

Anthony Grafton ist ein bekanntes Beispiel für einen Kulturhistoriker, der sich in seiner wissenschaftlichen Arbeit auf die antike Tradition in der Renaissance und der Folgezeit konzentrierte, aber auch einen Beitrag zur Geschichte des Lesens leistete und in seinem Buch *The Footnote* (1997 – *Die tragischen*

Ursprünge der deutschen Fußnote) eine Geschichte der Fußnote in ihrem Verhältnis zu den Techniken und zur Ideologie der Historikerzunft vorlegte.

Zu den bekanntesten kulturgeschichtlichen Werken englischer Sprache, die in dieser Zeit erschienen, gehört Carl Schorskes *Fin-de-Siècle Vienna* (1979 – *Wien. Geist und Gesellschaft im Fin de siècle*), eine Studie über Schriftsteller wie Arthur Schnitzler und Hugo von Hofmannsthal, Künstler wie Gustav Klimt und Oskar Kokoschka, über Sigmund Freud und Arnold Schönberg. Schorske bezeichnete seine Arbeit als Studie über die Moderne im Unterschied zum Historismus des 19. Jahrhunderts. Seine Geschichte einer, wie er schrieb, »ahistorischen Kultur« bietet eine im Wesen politische Interpretation dieser Bewegung und stellt sie in einen Zusammenhang mit den Erschütterungen sozialer und politischer Desintegration und mit dem Niedergang des Liberalismus im Sinne eines Engagements für Rationalität, Realismus und Fortschritt. Das waren die Werte, gegen die seine Protagonisten in unterschiedlicher Weise rebellierten – Freud, indem er die irrationalen Kräfte der Psyche hervorhob; Klimt, indem er mit dem Realismus brach und entschlossen gegen bürgerliche Moralvorstellungen verstieß, und so weiter.

Eine mögliche Zukunft für die Kulturgeschichte – zumindest, was die nähere Zukunft betrifft – ist eine neuerliche Konzentration auf die Hochkultur. Schließlich kommt die Hochkultur in den sogenannten *Cultural Studies*, wie sie vielerorts betrieben und gelehrt werden, so gut wie gar nicht vor. Falls es zu dieser Wiederbelebung oder Rückwendung kommt, dürfte allerdings die Geschichte der Volks- und Populärkultur kaum darunter leiden, auch wenn der Begriff der »Volkskultur« in die Kritik geraten ist. Wahrscheinlich würden beide Arten von Kulturgeschichte nebeneinander existieren, bei zugleich wachsendem Interesse an deren wechselseitigen Beziehungen. Tatsächlich könnte die Hochkultur neu gefaßt oder in ihren

Schwerpunkten verschoben werden, etwa in Richtung der Rezeption der Aufklärung durch verschiedene soziale Gruppen oder der Domestizierung der Renaissance im Sinne ihrer Auswirkungen auf das Alltagsleben, auf die Gestaltung von Stühlen und Tellern zum Beispiel statt auf Gemälde und Paläste, auf die Geschichte der Mentalitäten statt auf die der Philosophie. Tatsächlich ist diese Schwerpunktverlagerung bereits im Gange.[1]

Aus dieser Sicht könnte man einige herausragende Beispiele der Neuen Kulturgeschichte nochmals lesen und dabei in einem anderen Licht betrachten, zum Beispiel Ginzburgs *Der Käse und die Würmer*. Dieses lebendige Porträt eines einzelnen Menschen und seines Kosmos hat viele angesprochen, die kein spezielles Interesse am Italien des 16. Jahrhunderts haben. Man könnte das Buch aber auch als Beitrag zur Geschichte einer größeren kulturellen Bewegung lesen, der Gegenreformation nämlich, und zwar aus der Perspektive ihrer Rezeption in der traditionellen Volkskultur und ihrer Wechselwirkung mit ihr. Kurz gesagt, wie so oft in der Geschichte, würde der Versuch, in die Vergangenheit zurückzukehren, etwas Neues hervorbringen. Einige in jüngster Zeit unternommenen Versuche, die Idee der Tradition wiederzubeleben – aber auch neu zu definieren –, weisen in dieselbe Richtung.

Politik, Gewalt und Emotionen

Ein zweites Szenario sieht die Möglichkeit, daß man die neue Kulturgeschichte auch auf Bereiche erweitert, in denen sie bislang vernachlässigt wurde, unter anderem auf Politik, Gewalt und Emotionen.

---

1 Peter Burke, »Anthropology of the Renaissance«, *Journal of the Institute for Romance Studies* 1 (1992), S. 207-215; ders., *The European Renaissance: Centres and Peripheries*, Oxford 1998; dt.: *Die europäische Renaissance. Zentren und Peripherien*, München 2005, insb. Kap. 5.

Kulturgeschichte der Politik

Politik und Kultur sind in mehr als einer Weise miteinander verbunden. Ein Gruppe möglicher Verbindungen untersuchte Schorske in seinem Buch über das Wien des Fin de siècle. Ein anderer Ansatz könnte auch als Politik der Kultur bezeichnet werden. Er reicht von der öffentlichen Darstellung der Sammlertätigkeit von Herrschern als Zeichen ihrer Größe und ihres guten Geschmacks bis hin zu nationalen oder nationalistischen Rechtfertigungen für die Gründung von Galerien, Museen und Theatern im 19. Jahrhundert.

Eine Aktivität, die zuweilen als »Kulturmanagement« bezeichnet wird, zeigte sich besonders im 19. und 20. Jahrhundert. So kümmerte sich das Regime des Präsidenten Vargas in Brasilien vor allem zwischen den 1930er Jahren und 1945 in besonderem Maße um die nationale Kultur, auch wenn es in neueren Studien heißt, dies sei eine Zeit der »Kulturkämpfe« gewesen, etwa zwischen verschiedenen Ministerien um Zuständigkeiten oder zwischen den Ansprüchen verschiedener Baustile, der nationalen Identität ihren Ausdruck zu verleihen.[2]

Die eigentliche Beachtung verdient hier allerdings die Kultur der Politik. Es wäre irreführend, wenn man behauptete, die Kulturhistoriker hätten die Politik immer schon ignoriert oder die politischen Historiker hätten die Kultur immer schon vernachlässigt. In der traditionellen Kulturgeschichte hatte die Politik durchaus einen Platz. Man denke etwa an Burckhardts Darstellung des Renaissance-Staates als Kunstwerk, an Marc Blochs Untersuchung der heilenden Kraft, die man den Königen Frankreichs und Englands zuschrieb, und an viele Forscher, die sich mit den symbolischen Aspekten der Monarchie, mit königlichen Insignien, Krönungsfesten, Begräbnissen oder feierlichen Einzügen in Städte befaßt haben.

In den Politikwissenschaften vollzogen führende Gestalten

---

2 Daryle Williams, *Culture Wars in Brazil: The First Vargas Regime, 1930-1945*, Durham, N. C., 2001.

wie Murray Edelman, Autor von *Politics as Symbolic Action* (1971 – *Politik als Ritual. Die symbolische Funktion staatlicher Institutionen und politischen Handelns*), schon vor einer Generation ihre »kulturelle Wende« und untersuchten politische Rituale oder Quasirituale und andere symbolische Aspekte politischen Verhaltens in Gegenwart und Vergangenheit. F. S. L. Lyons' kulturelle Erklärung für die unruhige politische Geschichte Irlands haben wir oben bereits diskutiert (siehe S. 51).

Dennoch, wenn neue technische Ausdrücke in Gebrauch kommen, ist das normalerweise ein Zeichen für eine Verschiebung des Interesses oder des Ansatzes. Der Begriff der »politischen Kultur« ist Ausdruck der Notwendigkeit, beide Bereich miteinander zu verbinden, wobei man sich auf die politischen Einstellungen oder Vorstellungen verschiedener Gruppen und die Entstehung dieser Einstellungen konzentriert. Der Ausdruck, der schon in den 1960er Jahren von Politikwissenschaftlern benutzt wurde, scheint in den späten 1980er Jahren Eingang in den Sprachgebrauch der Historiker gefunden zu haben, ob nun im Blick auf ein ganzes Land oder auf eine Gruppe wie die Frauen. Das jedenfalls zeigen Buchtitel wie Keith Bakers *The Political Culture of the Old Regime* (1987).

Lynn Hunt, eine führende Vertreterin der Neuen Kulturgeschichte, befaßte sich vorwiegend mit Fragen der politischen Kultur. In ihrer Studie über *Politics, Culture and Class in the French Revolution* (1984 – *Symbole der Macht, Macht der Symbole*) beschäftigte sie sich mit Veränderungen in den »Regeln politischen Verhaltens« und insbesondere mit neuen »symbolischen Praktiken«, die sie in Foucaultscher Manier analysierte. Diese Praktiken reichten von der Choreographie öffentlicher Feste bis hin zum Tragen der blauweißroten Kokarde oder der roten Freiheitsmütze und zu der Übung, jedermann mit dem vertraulichen »tu« oder »citoyen(ne)« anzusprechen, um damit Gleichheit und Brüderlichkeit zu symbolisieren und durch kleine Gesten zur Verwirklichung dieser Ideale beizutragen. Aus einer ursprünglich geplanten Sozialgeschichte der Politik wurde nach dem Bekunden der Autorin eine Kulturgeschichte, auch wenn etwa die sorgfältige Unterscheidung zwischen den Formen, in denen Männer und Frauen sich an der neuen politischen Kultur beteiligten, die frühere Sozialhistorikerin verrät.

Ein weiteres aktuelles Beispiel für eine enge Verbindung zwischen politischer Geschichte und Kulturgeschichte ist die Gemeinschaftsarbeit der von Ranajit Guha geleiteten Subaltern Studies Group in Indien. Das Projekt der Gruppe, das eine umfangreiche Debatte ausgelöst hat, verfolgt kein geringeres Ziel, als die Geschichte Indiens und insbesondere der Unabhängigkeitsbewegung vor 1947 neu zu schreiben. Dabei wollte man neben den Eliten, deren Aktivitäten frühere historische Darstellungen der Unabhängigkeitsbewegung füllten, auch verschiedenen unterdrückte Gruppen (den »subalternen Klassen«, wie Gramsci sie nannte) den ihnen gebührenden Platz zukommen lassen. In dieser Hinsicht diente das Werk Edward Thompsons als Vorbild – dessen Vater in Indien gearbeitet und mit der Unabhängigkeitsbewegung sympathisiert hatte.[3]

Die von der Subaltern Studies Group veröffentlichten Arbeiten zeichnen sich auch durch ein besonderes Interesse an der politischen Kultur aus, vor allem an jener Kultur, welche die »subalternen Verhältnisse« prägen. Man zog Literatur und offizielle Dokumente als Quellen für die »subalterne Mentalität« heran, und auch hier diente Edward Thompson als Vorbild, selbst wenn die Gruppe anders als Thompson immer ein starkes Interesse an Kulturtheorie zeigte, zum Beispiel an den Werken von Lévi-Strauss, Foucault und Derrida.

Als konkretes Beispiel für den Ansatz der Gruppe kann uns Shahid Amins Studie über das Bild Gandhis im »Bewußtsein

---

3 Gute Beispiele für die Arbeit der Gruppe finden sich in: Ranajit Guha und Gayatri Chakravorty Spivak, *Selected Subaltern Studies*, New York 1988. Zu dieser Debatte siehe Vinayak Chaturvedi (Hg.), *Mapping Subaltern Studies and the Postcolonial*, London 2000.

der Bauern« dienen, das die Frage in den Mittelpunkt stellt, »welche vorgängigen Muster im Volksglauben« dieses Bild formten (auch hier finden wir wieder das Interesse an Schemata). Damals zirkulierten im Volk Geschichten über Gandhis okkulte Kräfte, und der Führerkult war eine säkularisierte Form der Verehrung (*bhakti*) Krishnas und anderer Götter. Die Studie illustriert einige der im fünften Kapitel aufgeworfenen Fragen zur Weitergabe von Traditionen. Einerseits können wir sagen, religiöse Traditionen seien säkularisiert worden. Andererseits zeigt sich, daß die politischen Einstellungen und die politische Praxis zutiefst von religiösen Vorstellungen beeinflußt wurden. Der von Amin analysierte Prozeß dürfte eher als »Kreuzung von Kulturen« denn als »Modernisierung von Tradition« zu beschreiben sein.[4]

Angesichts des wachsenden Interesses an den *Postcolonial Studies* fand die Bewegung auch außerhalb Indiens zunehmend Aufmerksamkeit. So wurde eine Latin American Subaltern Studies Group gegründet, und 1996 erschien ein Aufsatz, der den Einfluß des »*subaltern approach*« auf Studien zur irischen Geschichte untersuchte.[5] Die Rezeption der Arbeit der Subaltern Studies Group ist ein gutes Beispiel für die Globalisierung der historischen Forschung und verdeutlicht die Verbindungen zwischen Kultur und Politik in der Vergangenheit ebenso wie in der Gegenwart. Außerdem zeigt sie, wie Ideen überprüft werden, indem man sie außerhalb des Kontext anwendet, für den sie ursprünglich entwickelt wurden.

Trotz dieser Studien zur politischen Kultur warten immer noch wichtige Themen auf ihre Kulturhistoriker. Die Erforschung der Beziehungen zwischen Politik und Medien hat ge-

---

4 Shahid Amin, »Gandhi as Mahatma«, in: Guha und Soinak, *Studies*, a. a. O., S. 288-348.
5 Zu Lateinamerika siehe John Berverly, *Subalternity and Representation*, Durham, N. C., 1999; vgl. David Lloyd, »Irish New Histories and the »Subalternity Effect«, *Subaltern Studies* 9 (1996), S. 261-277.

rade erst begonnen, mit Studien über die »Nachrichtenkultur«, zum Beispiel über die Rolle der *news-books* im englischen Bürgerkrieg oder über die Politik des Skandals bei Hofe.[6] Vor allem für das 19. und 20. Jahrhundert tun sich hier noch beträchtliche Möglichkeiten auf, denn die Neue Kulturgeschichte wurde bisher von Spezialisten für das Mittelalter und die frühe Neuzeit dominiert. So hat meines Wissens bisher noch niemand versucht, eine historische Anthropologie der Parlamente oder des modernen diplomatischen Korps und seiner Rituale zu schreiben, auch wenn es bereits Studien über Feste im Zeitalter des Nationalismus gibt.[7]

Kulturgeschichte der Gewalt

Es gibt zwar keine historische Anthropologie der modernen Armee, aber immerhin eine Studie über den Ersten Weltkrieg aus der Perspektive einer Geschichte des Körpers. Der durch seine Sozialgeschichte des Krieges bekannt geworden Militärhistoriker John Keegan sagt heute, der Krieg sei ein kulturelles Phänomen. In einem neueren Aufsatzband behandelt er ein traditionelles Thema der politischen Geschichte wie auch der Militärgeschichte, den Dreißigjährigen Krieg, aus der Sicht des alltäglichen Lebens einfacher Leute.[8] Vor allem der Erste Weltkrieg ist in seiner kulturellen Dimension erörtert worden, wobei man sich auf die Prägung der Generation von 1914 durch den

6 Joad Raymond, *The Invention of the Newspaper: English Newsbooks 1641-1649*, Oxford 1996; Alastair Bellany, The Politics of Court Scandal in Early Modern England: *News Culture and the Overbury Affair, 1603-1660*, Cambridge 2002.

7 Olivier Ihl, *La Fête républicaine*, Paris 1996; Matthew Truesdell, *Spectacular Politics: Louis Napoléon and the fête impériale, 1849-70*, New York 1997; Lucien Bély, *Espions et ambassadeurs au temps de Louis XIV*, Paris 1990, insb. Teil 2, bietet eine Geschichte der Diplomatie um 1700.

8 John Keegan, *A History of Warfare*, New York 1993; dt.: *Die Kultur des Krieges*, Berlin 1995, S. 21-34; Joanna Bourke, *Dismembering the Male: Men's Bodies, Britain and the Great War*, London 1996; Benigna von Krusenstjern und Hans Medick (Hg.), *Zwischen Alltag und Katastrophe. Der Dreißigjährige Krieg aus der Nähe*, Göttingen 1999.

Krieg oder auf die kulturellen Auswirkungen des Kriegs konzentrierte, unter anderem auch auf das Verhältnis zwischen dem Krieg und der Moderne.[9]

Auch Historiker von Burgen wenden sich der Kultur zu und lehnen einen militärischen Determinismus ab, das heißt eine Erklärung, die den Bau der Burgen allein aus der Sicht der Verteidigung und des Schutzes behandelt. Statt dessen betonen sie die Bedeutung, die der Burg als Mittel zur Demonstration von Reichtum, Macht und Gastlichkeit, das heißt als Theater zukam. Selbst die Geschichte der Marine öffnet sich heute dieser Sichtweise, zum Beispiel in einer neueren Studie über die Nordsee als Bühne für maritime Schauveranstaltungen, wie Großbritannien und Deutschland sie um 1900 durchführten, gleichsam als kulturellen Aspekt ihres Wettrüstens.[10]

Es ist natürlich leicht zu erkennen, warum das Thema Gewalt die Kulturhistoriker heute stärker anzieht als je zuvor. Die These, wonach die Gewalt eine Kulturgeschichte hat, mag überraschen, denn Gewalt erscheint vielen wie ein Vulkanausbruch und gilt als Ausdruck menschlicher Triebe, die nichts mit Kultur zu tun haben. Die Behauptung, Gewalt sei gleichsam Theater, mag sogar skandalös erscheinen, da ja echtes Blut vergossen wird.

Der Vergleich mit dem Theater soll jedoch keinesfalls leugnen, daß hier Blut vergossen wird. Der holländische Anthropologe Anton Blok traf den entscheidenden Nagel auf den Kopf, als er darauf hinwies, wie wichtig es sei, die Botschaften der Gewalttäter und die symbolischen Elemente ihres Tuns zu lesen

9 Robert Wohl, *The Generation of 1914*, Cambridge (Ma.) 1979; Modris Eksteins, *Rites of Spring: The Great War and the Birth of Modern Age*, Boston 1989; dt.: *Tanz über Gräbern. Die Geburt der Moderne und der Erste Weltkrieg*, Reinbek 1990; Jay Winters, *Sites of Memory, Sites of Mourning: The Great War in European Cultural History*, Cambridge 1998.

10 Charles Coulson, »Cultural Realities and Reappraisals in English Castle Studies«, *Journal of Medical History* 22 (1996), S. 171-207; Zu den maritimen Schauveranstaltungen siehe Jan Rügers Diss. Cambridge 2002.

(auch wenn sie selbst sich dieser Symbolik möglicherweise nicht bewußt sind). Dem kulturellen Ansatz geht es darum, den Sinn scheinbar »sinnloser« Gewalt und die Regeln ihrer Ausübung zu entdecken. Keith Baker schrieb einmal: »Das Tun eines Aufrührers, der einen Stein aufhebt, läßt sich ebensowenig außerhalb des symbolischen Feldes verstehen, das ihm Bedeutung verleiht, wie das Tun eines Priesters, der einen Kelch in die Höhe hält.« So haben Historiker, die sich am Werk der Anthropologen Mary Douglas und Victor Turner orientierten, eine Lynchaktion im amerikanischen Süden als »moralisches Szenario« und den Aufruhr 1647 in Neapel als »soziales Drama« analysiert.[11]

Die Gewalt der Massen in den französischen Religionskriegen des späten 16. Jahrhunderts hat besondere Aufmerksamkeit bei Historikern erregt. Die Pionierarbeit leistete hier wie auf anderen Gebieten Natalie Z. Davis. Das Nachdenken über den Holocaust und die politische Gewalt der 1960er Jahre veranlaßte sie, das 16. Jahrhundert in einem neuen Licht zu sehen. Einen ähnlichen Ansatz verfolgten auch einige französische Historiker, insbesondere Denis Crouzet.[12]

Zwischen diesen Historikern gibt es mancherlei Unterschiede, doch sie haben auch vieles gemeinsam, vor allem Davis und Crouzet. Sie verweisen auf die bedeutende Rolle von jun-

11 Keith Baker, *Inventing the French Revolution*, Chicago 1990, S. 13; Bertram Wyatt Brown, *Southern Honour*, New York 1982; Peter Burke, »The Virgin of the Carmine and the Revolt of Masaniello« (1983), Wiederabdruck in: ders., *Historical Anthropology of Early Modern Italy*, Cambridge 1987; dt.: »Die Madonna von Karmel und der Aufstand Masaniellos«, in: ders., *Städtische Kultur in Italien zwischen Hochrenaissance und Barock*, Berlin 1986, S. 155-169; und allgemeiner Anton Blok, »The Meaning of »Senseless« Violence«, in: ders., *Honour and Violence*, Cambridge 2001, S. 103-114.
12 Natalie Z. Davis, »The Rites of Violence« (1973), Wiederabdruck in: dies., *Society and Culture in Early Modern France*, Stanford 1975, S. 152-188; vgl. Maria Lúcia Pallares-Burke, *The New History: Confessions and Conversations*, Cambridge 2002; Janine Garrison-Estèbe, *Tocsin pour in massacre*, Paris 1968; Emmanuel Le Roy Ladurie, *Le carnaval de Romans*, Paris 1979; dt.: *Karneval in Romans. Von Lichtmeß bis Aschermittwoch, 1579-1580*, Stuttgart 1982; Denis Crouzet, *Les Guerriers de Dieu*, Paris 1990.

gen Männern und sogar Jungen bei den Gewalttätigkeiten, wobei dies teils mit der Freizügigkeit bei Festen, teils mit der traditionellen Vorstellung kindlicher Unschuld in Verbindung gebracht wird. Sie rekonstruieren das den Beteiligten verfügbare kulturelle Handlungsrepertoire, das zum Teil aus der kirchlichen Liturgie, zum Teil aus gerichtlichen Ritualen und zum Teil aus den Mysterienspielen der Zeit stammt. Sie diskutieren die an Spiel oder Karneval erinnernden Aspekte des Aufruhrs und stützen sich dabei auf Michail Bachtins Ideen zur Gewalt bei Festen.

Außerdem betrachten sie auch die religiöse Bedeutung des Geschehens. Crozet vergleicht die Aufrührer mit Menschen, die bei religiösen Ritualen von Göttern oder Geistern »besessen« sind. Davis meint, wir sollten diese Art von Aufruhr als Reinigungsritual begreifen, als Versuch, die Gemeinschaft von einem Makel zu befreien. Im Blick auf den im fünften Kapitel behandelten Begriff der *Performance* könnten wir sagen, die Aufrührer vollzögen die Metapher der Reinigung. Und wir könnten sagen, durch ihr Tun trügen sie dazu bei, ihre Gemeinschaft durch eine Dramatisierung des Ausschlusses von Außenseitern zu konstruieren.[13]

Für die Zukunft dürfen wir weitere Studien über ethnische Säuberungen und über das, was man die »Kultur des Terrorismus« nennen könnte, erwarten.[14]

Kulturgeschichte der Emotionen

Die im letzten Abschnitt angesprochene Gewalt war Ausdruck starker Emotionen. Haben die Gefühle eine Geschichte? In *Die fröhliche Wissenschaft* (1882) klagte Nietzsche: »Bisher hat alles

13 David Niremberg, *Communities of Violence: Persecution of Minorities in the Middle Ages*, Princeton 1996.
14 Wenige Wochen, nachdem ich diese Zeilen geschrieben hatte, erschien eine Sondernummer der *Annales: histoire, sciences sociales* (2002) zum Thema »culture de la terreur«, in deren Mittelpunkt die Französische Revolution stand.

das, was dem Dasein Farbe gegeben hat, noch keine Geschichte: oder wo gäbe es eine Geschichte der Liebe, der Habsucht, des Neides, des Gewissens, der Pietät, der Grausamkeit?«

Einige der in früheren Kapiteln genannten Historiker hätten dem wohl zugestimmt, angefangen bei Jacob Burckhardt, dessen Hinweise auf Neid, Zorn und Liebe im Italien der Renaissance Nietzsche offenbar übersehen hat, obwohl er den Autor persönlich kannte.[15] In *Herbst des Mittelalters* sprach Johan Huizinga von der »allgemeinen Leidenschaftlichkeit, die überall das Leben durchglühte«, von den schwankenden Gefühlen und der mangelnden Selbstkontrolle, die für das Individuum im Spätmittelalter charakteristisch gewesen seien. Zwanzig Jahre später benutzte Norbert Elias Huizingas Studie als Grundlage für seine eigene Kulturgeschichte der Emotionen oder genauer des Versuchs, die Gefühle im Rahmen eines »Prozesses der Zivilisation« unter Kontrolle zu bringen (siehe S. 80).

Trotz dieser Beispiele müssen wir feststellen, daß die Mehrzahl der Historiker die Gefühle erst seit relativ kurzer Zeit als ernsthaften Forschungsgegenstand betrachten. So wäre eine Geschichte der Tränen vor den 1980er Jahren nahezu unvorstellbar gewesen, zumindest außerhalb bestimmter Kreise in Frankreich. Heute dagegen gelten die Tränen als Teil der Geschichte, genauer gesagt: der Geschichte der »affektiven Revolution« des späten 18. Jahrhunderts, dem Kontext also, in dem die weinenden Leser und Leserinnen der *Nouvelle Héloïse* von Rousseau standen.[16]

In der englischsprachigen Welt verbindet sich das Interesse an der Geschichte der Emotionen vor allem mit Peter Gay, Theodore Zeldin sowie Peter und Carol Stearns. Zeldin wandte

15 Peter Burke, »Is there a Cultural History of the Emotions?«, in: Penelope Gouk und Helen Hills (Hg.), *Representing Emotions*, Aldershot 2005.
16 Anne Vincent-Buffault, *Histoire des larmes*, Marseilles 1986; Piroska Nagy, *Le Don des larmes au Moyen-Âge*, Paris 2000; Lynn Hunt und Margaret Jacob, »The Affective Revolution in 1790s' Britain«, *Eighteenth-Century Studies* 34 (2001), S. 491-521.

sich von Napoleon III. hin zu einer, wie er (im Anschluß an die Brüder Goncourt) sagte, »intimen Geschichte« des Ehrgeizes, der Liebe, der Angst und anderer Emotionen im Frankreich des 19. Jahrhunderts, während Peter Gay sich nach einer Ausbildung in Psychoanalyse von der Geistesgeschichte des Zeitalters der Vernunft abwandte und auf die psychohistorische Erforschung der Liebe und des Hasses in der Bourgeoisie des 19. Jahrhunderts verlegte.[17]

Carol und Peter Stearns veröffentlichten – zeitlich zwischen den beiden genannten Autoren – ein Manifest für eine historische »Emotionologie«, Monographien über Zorn und Eifersucht sowie eine allgemeinere Studie über Veränderungen des emotionalen »Stils« während des frühen 20. Jahrhunderts in den Vereinigten Staaten (*American Cool* [1994]). Darin verweisen sie auf drei Arten von Veränderungen: eine allgemeine Verstärkung der Bedeutung, die man den Gefühlen beimaß; Veränderungen in der relativen Bedeutung einzelner Gefühle; und eine Veränderung seitens der Kontrolle oder des »Managements« von Gefühlen.

Einen alternativen Rahmen hat kürzlich William Reddy in seinem Buch *The Navigation of Feeling* (2001) vorgelegt. Auf der Grundlage der Anthropologie wie auch der Psychologie der Gefühle stellt er eine Reihe miteinander verbundener Konzepte vor. Wie Carol und Peter Stearns betont er das »Management« oder, wie er sagt, die »Steuerung« der Gefühle auf individueller und sozialer Ebene. In enger Verbindung zu diesem Begriff steht die Idee eines »Gefühlsregimes«. Sein Ansatz ist jedoch auch ein Beispiel für die »performative Wende« (siehe S. 133). Reddy behandelt die Sprache der Gefühle aus der Sicht »performativer

---

17 Theodore Zeldin, *France 1848-1945*, 2 Bde., Oxford 1973-1977; Peter Gay, *The Bourgeois Experience*, 5 Bde., New York 1984-1998; dt.: *Erziehung der Sinne*, München 1986; *Die zarte Leidenschaft*, München 1987; *Kult der Gewalt*, München 1996; *Die Macht des Herzens*, München 1997; *Bürger und Bohème*, München 1999.

Äußerungen«. So ist eine Liebeserklärung für ihn nicht nur Ausdruck von Gefühlen, sondern auch eine Strategie zur Verstärkung oder sogar Veränderung der Gefühle desjenigen, an den man sie richtet.

Betrachten wir diese Thesen, deren Implikationen erst noch herausgearbeitet werden müssen, könnte man sagen, die Historiker der Emotionen stünden vor einem Grunddilemma. Sie müssen entscheiden, ob sie Maximalisten oder Minimalisten sein wollen, also ob sie glauben, die Gefühle seien ihrem Wesen nach historische oder aber nichthistorische Entitäten. Entweder sind einzelne Gefühle oder die gesamte Gefühlswelt einer Kultur (die jeweilige »Gefühlskultur«, wie Stearns und Stearns dies nennen) fundamentalen Veränderungen in der Zeit ausgesetzt oder aber sie bleiben über verschiedene Zeiten hinweg im wesentlichen dieselben.

Forscher, die sich für die »minimalistische« Seite des Dilemmas entscheiden, sind gezwungen, sich auf die Untersuchung bewußter Einstellungen gegenüber Gefühlen zu beschränken. Sie schreiben ordentliche Geistesgeschichte, aber es handelt sich nicht wirklich um eine Geschichte der Gefühle. Forscher, die sich für die »maximalistische« Option entscheiden, sind dagegen innovativer. Aber auch sie zahlen einen Preis, denn die Ergebnisse ihrer Forschung lassen sich nur sehr schwer begründen. Hinweise auf bewußte Einstellungen zu Zorn, Angst, Liebe usw. sind in den Quellen recht leicht zu finden, doch die daraus zu ziehenden Schlußfolgerungen hinsichtlich langfristiger und fundamentaler Einstellungsveränderungen sind unvermeidlich weitaus spekulativerer Natur.

In einer bekannten Studie beschrieb der Altertumsforscher Eric Dodds mit einem von seinem Freund, dem Dichter W. H. Auden, übernommenen Ausdruck die Spätantike als »Zeitalter der Angst«. Sein Buch *Pagan and Christian in an Age of Anxiety* (1965 – *Heiden und Christen in einem Zeitalter der Angst*) vermittelt vielfältige Einblicke in die religiöse Erfahrung, erörtert aber auch Träume und Einstellungen zum Körper. Der Titel des Buches wirft jedoch ein Problem auf, zu dessen Lösung der Autor wenig beiträgt. Haben Menschen mancher Zeitalter mehr Angst als die Menschen anderer Zeitalter, oder haben sie nur andere Ängste? Und selbst wenn die erste These zuträfe, wie könnte ein Historiker sie beweisen?

Kulturgeschichte der Wahrnehmung

Parallel zum wachsenden Interesse an der Geschichte der Gefühle finden wir auch ein wachsendes Interesse an der Geschichte der Sinne. Es gibt eine Tradition von Studien über das Sehen (zum Beispiel Bernard Smiths *European Vision and the South Pacific* [1959] und Michael Baxandalls *Painting and Experience in Fifteenth-Century Italy* [1972 – *Die Wirklichkeit der Bilder*]) und auch Arbeiten über den Blick, die von Foucault inspiriert sind. Gelegentliche Hinweise auf Geräusche und Klänge der Vergangenheit finden sich bei Johan Huizinga und Gilberto Freyre, der etwa das Geräusch beschreibt, wenn im kolonialen Brasilien die Röcke der Frauen über die Treppen der Herrenhäuser strichen. Ebenso schreibt Freyre, die Schlafzimmer im Brasilien des 19. Jahrhunderts hätten nach einem Gemisch aus Fußschweiß, Feuchtigkeit, Urin und Sperma gerochen. Heute finden wir dagegen ehrgeizige Versuche, recht detailliert über sämtliche Sinne zu schreiben.

So versucht Simon Schama in *Rembrandt's Eyes* (1999 – *Rembrandts Augen*) mit der ihm eigenen Kühnheit, die Stadt Amsterdam so darzustellen, wie sie sich allen fünf Sinnen im 17. Jahrhundert darbot. Er beschreibt die Gerüche der Stadt, vor allem die von Salz, faulendem Holz und Abtritten, an manchen Stellen auch von Kräutern und Gewürzen. Er beschreibt die Geräusche der Stadt, das vielstimmige Glockengeläut; das Geräusch des Wassers, das in den Kanälen gegen die Brücken schwappt; das Sägen von Holz; und in dem klirrenden und klingenden Viertel, in dem Waffen geschmiedet wurden, das Hämmern von Metall. Vielleicht fragen Leserinnen und Leser sich hier, welche Quellen der Autor für seine farbige Darstellung herangezogen hat. In dieser Hinsicht erwiesen sich Reisetagebücher als sehr wertvoll, weil Reisende oft überempfindlich auf Sinnesempfindungen reagieren, mit denen sie nicht vertraut sind.

Über Gerüche und Geräusche ist in den letzten Jahren am meisten geschrieben worden, vor allem von dem französischen Historiker Alain Corbin. In seiner Studie *Le miasme et la jonquille* (1982 – *Pesthauch und Blütenduft. Eine Geschichte des Geruchs*) untersucht er die französische *imagination sociale*, die Wahrnehmungsweisen, die Empfindlichkeiten und die Symbolik der Gerüche oder der Hygienepraktiken. In der kreativen Übernahme eines von Norbert Elias formulierten Gedankens verbindet Corbin diese Praktiken mit einer Absenkung der »Toleranzschwelle« für schlechte Gerüche Anfang des 19. Jahrhunderts. Damals entstand im Bürgertum der Ekel vor dem »Gestank der Armen«. Ein anderer Autor schreibt, Gerüche seien insofern ein kulturelles Phänomen, als sie mit kulturellen Bedeutungen aufgeladen würden, und zugleich ein historisches Phänomen, weil diese Assoziationen sich mit der Zeit verändern.

Im Gefolge der Studie von Corbin und einiger Romane wie Patrick Süßkinds *Parfüm* (1985), der im Frankreich des 18. Jahrhunderts spielt und die Geschichte eines von Gerüchen besessenen Mannes erzählt, zog das Thema weitere Historiker an. Bisher konzentrieren sie sich auf die Kluft zwischen der – mehr oder weniger – deodorierten »Geruchskultur« des 20. Jahrhunderts und den entsprechenden Kulturen früherer Zeiten. Man darf hoffen, daß mit fortschreitender Forschung auch andere wichtige Unterscheidungen entwickelt werden.[18]

18 Hans J. Rindisbacher, *The Smell of Books: A Cultural-Historical Study of Olfactory Perception in Literature*, Ann Arbor 1992; Constance Classen, David Howes und Anthony Synnott, *Aroma: The Cultural History of Smell*; Mark Jenner, »Civilization and Deodorization? Smell in Early Modern

Von den Gerüchen wandte Corbin sich der Geschichte der Geräusche und Klänge zu. In *Les cloches de la terre* (1994 – *Die Sprache der Glocken*) befaßte er sich mit der »Klanglandschaft« (*le paysage sonore*) und der »Kultur der Sinne« (*la culture sensible*). Es war schon angemessen, daß ein französischer Historiker diesen Bereich für die Geschichtswissenschaft öffnete, denn Lucien Febvre hatte in den 1940er Jahren gesagt, das 16. Jahrhundert sein das Zeitalter des Ohrs gewesen. Die Debatte über die Frage, welche Sinne zu verschiedenen Zeiten den Vorrang besessen haben, erscheint heute als fruchtlos, doch Corbin beweist, daß man die Geschichte der Geräusche und Klänge auch ganz anders schreiben kann. So behauptet er, die Glocken seien früher ganz anders gehört worden, weil sie mit Frömmigkeit oder mit der jeweiligen Pfarrgemeinde assoziiert wurden, mit dem Geist der Glocke (*l'esprit de clocher*). Als diese Assoziationen schwächer wurden, hob sich die Toleranzschwelle und die Menschen begannen, gegen die Invasion ihrer Ohren durch das Glockengeläut zu protestieren. Wie beim Geruch, so war Corbin auch hier seiner Zeit voraus, doch inzwischen gibt es eine ganze Reihe historischer Studien über Geräusche und Klänge.[19]

Die meisten Studien dieser Art konzentrieren sich auf »Lärm«, aber auch die Geschichte der Musik läßt sich aus der Sicht einer Geschichte der Wahrnehmung untersuchen. In seinem Buch *Listening in Paris* (1995) bietet James Johnson eine Kulturgeschichte der Wahrnehmung von Musik im 18. und 19. Jahrhundert. Es mag paradox erscheinen, doch als Quellen dienen ihm Bilder und Texte, und er gelangt zu dem Schluß, das

English Culture«, in: Peter Burke, Brian Harrison und Peter Slack (Hg.), *Civil Histories: Essays Presented to Sir Keith Thomas*, Oxford 2000, S. 127-144; Robert Jütte, *Geschichte der Sinne*, München 2000.
19 Peter Bailey, »Breaking the Sound Barrier: A Historian Listens to Noise«, *Body and Society* 2 (1996), S. 49-66; Bruce R. Smith, *The Acoustic World of Early Modern England*, Chicago 1999; Jean-Pierre Gutton, *Bruits et sons dans notre histoire*, Paris 2000; Emily Cockayne, »Sound in Early Modern England«, Diss. Cambridge 2000.

gegen Ende des *Ancien régime* eine »neue Art des Hörens« aufkam. Die Revolution des Hörens bestand nach Johnson erstens darin, daß man nun auf die Musik hörte, statt mit dem Nachbarn zu flüstern oder sich im Publikum umzuschauen, und zweitens in einer wachsenden emotionalen Beschäftigung mit Klängen statt mit Worten. In dieser Hinsicht ist das Buch auch ein Beispiel für die Hinwendung zu der oben bereits angesprochenen Geschichte der Rezeption (siehe S. 90 f.). Wie manche Leser der Zeit und insbesondere Rousseaus Leser, so vergoß auch das Publikum in der Pariser Oper und den Konzertsälen des späten 18. Jahrhunderts Tränen geradezu in Strömen. Daraus können wir ersehen, wie wichtig es wäre, eine allgemeine Geschichte der Sinne zu schreiben, statt den Gegenstand in die Bereiche des Sehens, Hörens, Riechens usw. aufzuspalten.

Die Rache der Sozialgeschichte

Ein alternatives Szenario für eine weitere Ausdehnung der Neuen Kulturgeschichte wäre eine Gegenbewegung, weil man zunehmend den Eindruck hätte, sie habe ihr Reich überdehnt und man habe allzu viel politisches oder soziales Terrain an die »Kultur« abgetreten. Die Idee eines Wechsels »von der Sozialgeschichte der Kultur zur Kulturgeschichte der Gesellschaft« (siehe S. III) gefällt nicht allen. Die Idee der kulturellen Konstruktion wird gelegentlich als Beispiel für eine »subjektive Epistemologie«, für eine Abkehr von der Verifizierung, für den Gedanken des »*anything goes*« interpretiert.[20]

Man kann die Reaktion auf die Neue Kulturgeschichte oder zumindest auf einige ihrer Aspekte und Thesen durch den Hinweis auf die für die Geschichte so typische Pendelbewegung

---

20 Stephen Haber, »Anything Goes: Mexico's »New« Cultural History«, *Hispanic American Historical Review* 79 (1999), S. 309-330. Weitere Aufsätze im selben Band führen die Debatte fort.

oder durch den Hinweis auf das Bedürfnis einer neuen Historikergeneration erklären, sich gegen eine ältere Gruppe abzugrenzen und deren Platz an der Sonne zu übernehmen.

Dennoch muß man ehrlicherweise zugeben, daß die Reaktion auch auf Schwächen im Programm der Neuen Kulturgeschichte zurückgeht, auf Probleme, die mit der Zeit – und einer entsprechenden Kritik – sichtbar geworden sind. Neben den im letzten Kapitel behandelten Grenzen des Konstruktivismus erweisen sich drei Probleme als besonders gravierend: die Definition von Kultur, die in der Neuen Kulturgeschichte eingesetzten Methoden und die Gefahr der Fragmentierung.

Die Definition von Kultur, die einst zu eng war, muß inzwischen als zu weit angesehen werden (siehe S. 45 f.). Besonders problematisch ist heute das Verhältnis zwischen Sozial- und Kulturgeschichte. Man spricht daher häufig von einer »soziokulturellen Geschichte«. In Großbritannien hat die Social History Society kürzlich ihr Interessengebiet neu definiert, so daß es auch die Kultur umfaßt. Ob wir das Geschehen nun als Aufgehen der Sozialgeschichte in der Kulturgeschichte oder umgekehrt beschreiben, in jedem Fall erleben wir die Entstehung einer neuen, aus der Kreuzung beider Fachgebiete hervorgegangenen Gattung. Sie kann auf unterschiedliche Weise praktiziert werden. Manche Historiker legen das Schwergewicht auf den kulturellen Teil, andere auf den sozialen. So konzentrieren Historiker des Lesens sich vielleicht auf bestimmte Texte, ohne deshalb die Vielfalt der Leser zu vergessen, oder sie konzentrieren sich auf verschiedene Gruppen von Lesern, ohne dabei jedoch den Inhalt des Gelesenen außer acht zu lassen.

Im Augenblick scheinen die Adjektive »sozial« und »kulturell« nahezu austauschbar zu sein, wenn es etwa darum geht, die Geschichte der Träume, der Sprache, des Humors, des Gedächtnisses oder der Zeit zu beschreiben. Ich selbst neige eher dazu, den Ausdruck »Kulturgeschichte« der Geschichte solcher Phänomene vorzubehalten, die als »natürlich« erscheinen wie

Träume, Gedächtnis und Zeit. Da Sprache und Humor offensichtlich kulturelle Artefakte darstellen, scheint es mir dagegen angemessener, bei der Geschichte dieser Phänomene von »Sozialgeschichte« zu sprechen.

Doch wie wir diese beiden Ausdrücke auch verwenden, das Verhältnis zwischen »Kultur« und »Gesellschaft« bleibt problematisch. Vor einer Generation wies Clifford Geertz, einer der Hauptinitiatoren der kulturellen Wende, in seinem Aufsatz »Dichte Beschreibung« (siehe S. 56) auf die Gefahr hin, die Kulturanalyse könne die »Verbindung zur harten Oberfläche des Lebens« verlieren, zum Beispiel zu den ökonomischen und politischen Strukturen. Damit hatte er gewiß recht, und wir können nur hoffen, daß ein »post-postmodernes Zeitalter« diese Verbindung wiederherstellen wird.

So wertvoll das konstruktivistische Projekt für die »Kulturgeschichte der Gesellschaft« auch sein mag, sie darf die Sozialgeschichte der Kultur einschließlich der Geschichte des Konstruktivismus nicht ersetzen. Es mag durchaus an der Zeit sein, über die kulturelle Wende hinauszugehen. Wie Victoria Bonnell und Lynn Hunt gesagt haben, sollte die Idee des Sozialen nicht über Bord geworfen, sondern neu gefaßt werden.[21] So sollten etwa Historiker des Lesens »Interpretationsgemeinschaften« untersuchen, Religionshistoriker »Glaubensgemeinschaften«, Historiker der Praxis »Praxisgemeinschaften«, Historiker der Sprache »Sprechergemeinschaften« usw. Tatsächlich stellen Untersuchungen der Rezeption von Texten und Bildern, von denen oben die Rede war (siehe S. 90, 116 f.), die große soziale Frage: »Wer?« Mit anderen Worten: Welche Art von Menschen sah sich diese Objekte an bestimmten Orten und in bestimmten Zeiten an?

Kontroversen um Definitionen sind immer auch mit Kontroversen um Methoden verbunden. Wie die französische *nouvelle histoire* in den 1970er Jahren, so erweiterte auch die Neue Kul-

---

21 Victoria E. Bonnell und Lynn Hunt (Hg.), *Beyond the Cultural Turn*, Berkeley 1999, S. 1-32.

turgeschichte den Gegenstandsbereich der Historiker, fand neue Studienobjekte wie Geruch und Lärm, Lesen und Sammeln, Räume und Körper. Die traditionellen Quellen reichten für diese Zwecke nicht mehr aus, und so griff man auf vergleichsweise neuartige Quellen zurück, von literarischen Texten bis hin zu Bildern. Neue Quellen bedürfen jedoch auch neuer Formen der Quellenkritik, und die Regeln für die Lektüre von Bildern als historische Quellen, um hier nur ein Beispiel zu nennen, sind bis heute nicht klar.[22]

Der Gedanke, wonach Kultur ein Text ist, den Anthropologen und Historiker lesen können, ist verführerisch, aber auch sehr problematisch. Jedenfalls ist anzumerken, daß Historiker und Anthropologen die Metapher des Lesens nicht in derselben Weise benutzen. So hat Roger Chartier darauf hingewiesen, daß Geertz den Hahnenkampf auf Bali untersuchte, indem er sich Kämpfe ansah und mit Beteiligten sprach, während Darnton sein Katzenmassaker auf der Grundlage eines aus dem 18. Jahrhundert stammenden Textes untersuchte, in dem der Vorfall beschrieben ist (siehe oben, drittes Kapitel).

Ein fundamentales Problem der Metapher des Lesens liegt in der Tatsache, daß sie der Intuition große Bedeutung einräumt. Wer soll entscheiden, wenn zwei Leser in ihrer Intuition nicht übereinstimmen? Ist es möglich, Regeln für das Lesen zu formulieren oder zumindest eine falsche Lektüre zu erkennen?

Im Fall des Rituals hat die Debatte gerade erst begonnen. In einer Kritik ist kürzlich die Forderung aufgestellt worden, Historiker des Mittelalters sollten den Begriff aus ihrem Wortschatz streichen, weil die anthropologischen Modelle sich nicht für die aus dem 9. oder 10. Jahrhundert überlieferten Texte eigneten. Die Warnung ist insofern durchaus berechtigt, als wir stets entsprechende Kriterien benötigen, wenn wir ein Gesche-

---

22 Ein Versuch, diese Regeln auszuarbeiten, findet sich in: Peter Burke, *Eyewitnessing*, London 2001; dt.: *Augenzeugenschaft. Bilder als historische Quellen*, Berlin 2003.

hen als »Ritual« beschreiben wollen. Wenn wir dagegen, wie oben angeregt, grundsätzlich von mehr oder weniger ritualisierten Praktiken sprechen, löst das Problem sich auf.[23]

In jedem Fall bedeutete es eine Verarmung der Kulturgeschichte, wenn wir deren Fragen nur mit einer einzigen Methode nachgingen. Verschiedene Probleme erfordern verschiedene Methoden. Auch die von vielen Forschern nach der kulturellen Wende aufgegebenen quantitativen Methoden haben in der Kulturgeschichte ebenso ihre Berechtigung wie in der traditionellen Sozialgeschichte. So finden wir im Werk des französischen Historikers Daniel Roche sowohl in seiner Forschung zur Geschichte der Akademien als auch in den Arbeiten zur Geschichte des Buches oder der Kleidung (siehe S. 102) eine glückliche Mischung aus quantitativen und qualitativen Methoden.

Drittens gibt es das Problem der Fragmentierung. Wie wir im ersten Kapitel gesehen haben, verfolgten die frühen Kulturhistoriker ganzheitliche Interessen. Sie stellten gerne Zusammenhänge her. In jüngerer Zeit haben sich einige herausragende Kulturhistoriker, vor allem in den Vereinigten Staaten, dafür eingesetzt, den kulturellen Ansatz zur Vermeidung einer Fragmentierung einzusetzen, »als mögliche Grundlage für eine erneute Integration der amerikanischen Geschichtsschreibung«.[24]

Das Problem liegt in der Tatsache, daß die Kultur eine Fragmentierung vielfach zu fördern scheint, ob in den Vereinigten Staaten, in Irland oder auf dem Balkan. Auf den Beitrag kultureller Unterschiede zu den politischen Konflikten in Irland habe ich bereits hingewiesen (siehe S. 51). Eine ähnliche These hat auch der Historiker Arthur M. Schlesinger Junior in seinem Buch *The Disuniting of America* (1992) vorgetragen, in dem er

---

23 Philippe Buc, *The Dangers of Ritual*, Princeton 2001.
24 Michael Kammen, »Extending the Reach of American Cultural History« (1984), Wiederabdruck in: ders., *Selvages and Biases*, Ithaca 1987, S. 118-153; vgl. Thomas Bender, »Wholes and Parts: the Need for Synthesis in American History«, *Journal of American History* 73 (1986), S. 120-136.

aufzeigt, was durch den gegenwärtigen Bedeutungszuwachs ethnischer Identitäten in den Vereinigten Staaten verlorengeht.

Auf ganz anderer Ebene bedeutet der Aufstieg des oben als »Okkasionalismus« bezeichneten intellektuellen Trends (siehe fünftes Kapitel) eine fragmentierte Sicht sozialer Gruppen oder sogar des individuellen Ich. Dabei handelt es sich um eine typisch »postmoderne« Vorstellung in dem Sinne, daß man die Welt für weitaus fließender, flexibler und unvorhersagbarer hält, als es Soziologen, Sozialanthropologen oder Sozialhistoriker etwa in den 1950er oder 1960er Jahren taten. Der Aufstieg der Mikrogeschichte ist sicher Teil dieser Entwicklung, auch wenn Natalie Davis, Emmanuel Le Roy Ladurie oder Carlo Ginzburg jede postmoderne Absicht entschieden von sich weisen.[25]

Wie Ethnologen, so stehen auch Mikrohistoriker vor dem Problem der Beziehung zwischen den kleinen Gruppen, die sie detailliert und als größere Ganzheiten untersuchen. Geertz schrieb über dieses Problem in »Dichte Beschreibung«, es gehe um die Frage, »wie man von einer Sammlung ethnographischer Miniaturen . . . zu wandfüllenden Kulturgemälden der Nation, der Epoche, des Kontinents oder Zivilisation kommt«. In seiner Studie über den Hahnenkampf auf Bali spricht er oft von »den Balinesen«, aber als Leser dürfen wir uns durchaus fragen, ob etwa alle Balinesen die beschriebenen Einstellungen teilen oder vielleicht nur die Männer oder die männlichen Angehörigen einer bestimmten sozialen Gruppe, möglicherweise mit Ausnahme der Elite.

Ganz ähnlich haben manche Kritiker im Blick auf Darntons »Katzenmassaker« gefragt, ob Historiker denn aus einem einzigen unbedeutenden Ereignis Schlüsse hinsichtlich des Nationalcharakters ziehen dürfen. Die Studie wirft das von Geertz angesprochene Problem in noch schärferer Form auf, weil der

25 Frank R. Ankersmit, »Historiography and Postmodernism«, *History and Theory* 28 (1989), S. 137-153; Ginzburgs Antwort in: Pallares-Burke, *The New History*, a. a. O., S. 205.

Anthropologe ein Dorf untersuchte, um Aufschluß über eine kleine Insel zu erhalten, während der Historiker die Kluft zwischen einer kleinen Gruppe von Handwerksgesellen und der Bevölkerung Frankreichs im 18. Jahrhundert zu überbrücken hat. Für wen, so könnte man fragen, war das Katzenmassaker lustig?

Kurz gesagt, den Kulturhistorikern sind die Probleme keineswegs ausgegangen. Im folgenden werde ich auf einige neuere Studien über Grenzen, Begegnungen und das Erzählen eingehen, um herauszufinden, ob sie zumindest für einige der angesprochenen Schwierigkeiten Lösungen anbieten.

Grenzen und Begegnungen

Schon 1949 erörterte Fernand Braudel in seinem berühmten Buch *La méditerranée* (*Das Mittelmeer und die mediterrane Welt*) die große Bedeutung »kultureller Grenzen« wie des Rheins oder der Donau von der römischen Antike bis hin zur Reformation. Doch erst in jüngerer Zeit findet der Ausdruck in verschiedenen Sprachen häufiger Verwendung, und das vielleicht, weil er den Kulturhistorikern eine Möglichkeit bietet, der Fragmentierung entgegenzuwirken.

Die Idee einer kulturellen Grenze ist verführerisch. Man könnte sogar sagen, allzu verführerisch, da sie dazu verleitet, unbemerkt von der wörtlichen zur metaphorischen Bedeutung des Wortes überzugehen, so daß der Unterschied zwischen geographischen Grenzen und solchen zwischen den Klassen zum Beispiel, zwischen heilig und profan, ernst und komisch, Geschichte und Fiktion verwischt wird. Ich werde mich nachfolgend jedoch auf die Grenzen zwischen Kulturen konzentrieren.

Auch hier sind Unterscheidungen angebracht, zum Beispiel zwischen der Außen- und der Innenansicht einer Kultur. Von außen erscheinen Grenzen oft als objektiv und sogar als kartographierbar. Wer sich mit der Geschichte der Literalität in Frankreich vom 17. bis zum 19. Jahrhundert beschäftigt hat, kennt die berühmte Diagonale, die von St. Malo bis Genf verläuft und eine nordöstliche Zone höherer Literalität von einer südwestlichen Zone trennt, in der weniger Menschen lesen konnten. Andere kulturhistorische Karten zeigen die Verteilung der Klöster oder Universitäten oder Druckorte in verschiedenen Teilen Europas oder die Verteilung der Anhänger verschiedener Religionen in Indien.

Karten dieser Art sind ein effektives Mittel der Kommunikation und oft schneller zu lesen oder leichter zu behalten als eine Darstellung in Worten. Dennoch können Karten ebenso wie Worte oder Bilder irreführend sein. Sie erwecken den Anschein einer kulturellen Homogenität innerhalb eines »Kulturgebiets« und einer scharfen Trennung zwischen solchen Gebieten. So muß aus dem Kontinuum zwischen Deutschland und Holland eine scharfe Grenzlinie werden, während kleine Gruppen von Hindus in einem vorwiegend muslimischen Gebiet nicht mehr erkennbar sind.

Die Außenansicht muß durch eine Innenansicht ergänzt werden, die besonderes Gewicht auf die Erfahrung bei der Überschreitung der Grenze zischen »uns« und »denen« und der Begegnung mit dem Anderen legt. Wir haben es hier mit symbolischen Grenzen vorgestellter Gemeinschaften zu tun, mit Grenzen, die sich nicht auf Karten erfassen lassen. Dennoch dürfen Historiker deren Existenz nicht vergessen.

Eine weitere nützliche Unterscheidung betrifft die Funktionen kultureller Grenzen. Historiker und Geographen sahen Grenzen bisher meist als Barrieren. Heute sieht man darin eher Orte der Begegnung oder »Berührungszonen«. Beide Auffassungen haben ihren Nutzen.[26]

26 Unter den vielen neueren Studien siehe Peter Sahlins, *Boundaries: The Making of France and Spain in the Pyrenees*, Berkeley 1989; Mary Luis Pratt, *Imperial Eyes: Travel Writing and Transculturation*, London 1992; Robert

Ideen lassen sich durch Mauern und Stacheldraht nicht fern-halten, doch daraus folgt nicht, daß es keine kulturellen Barrie-ren gäbe. Es gibt zumindest einige physikalische, politische oder kulturelle Hindernisse, darunter Sprache und Religion, die kul-turelle Bewegungen bremsen oder in andere Kanäle umleiten. Braudel interessierte sich vor allem für Zonen des Widerstands gegen kulturelle Entwicklungen, für die »Weigerung, Anleihen zu machen«, wie er sich ausdrückte, und er verband diese Wei-gerung mit der Hartnäckigkeit von Zivilisationen, ihrem Über-lebenswillen. Als Beispiele verwies er auf den langen Wider-stand Japans gegen die Übernahme des Stuhls und des Tischs und auf die »Ablehnung« der Reformation im Mittelmeeer-raum.[27]

Ein weiteres bekanntes Beispiel ist der Widerstand der islami-schen Welt gegen den Buchdruck, der bis Ende des 18. Jahrhun-derts anhielt. Tatsächlich galt die islamische Welt als Barriere zwischen zwei Zonen, in denen Bücher gedruckt wurden, Ost-asien und Europa. Die sogenannten *Gunpowder*-Reiche (das Ottomanenreich, Persien, das Mogulreich) lehnten technologi-sche Innovationen nicht grundsätzlich ab, blieben aber bis etwa 1800 Handschriften-Reiche oder »kalligraphische« Staaten.

Ein Vorfall, der sich im frühen 18. Jahrhundert in Istanbul er-eignete, verdeutlicht die Stärke dieses Widerstands. Ein ungari-scher Konvertit (vormals protestantischer Geistlicher) schickte eine Denkschrift an den Sultan, in der er auf die Bedeutung des Buchdrucks hinwies, und 1726 erhielt er die Genehmigung zum Druck weltlicher Bücher. Religiöse Führer widersetzten sich je-doch diesem Unternehmen. So wurden nur einige wenige Bü-

Bartlett, *The Making of Europe: Conquest, Colonization and Cultural Change 950-1350*, London 1993.
27 Peter Burke, »Civilizations and Frontiers: The Anthropology of the Early Modern Mediterranean«, in: John A. Marino (Hg.), *Early Modern History and the Social Sciences: Testing the Limits of Braudel's Mediterranean*, Kirks-ville 2002, S. 123-141.

cher gedruckt. Erst im 19. Jahrhundert gingen Islam und Buchdruck ein Bündnis miteinander ein.[28]

Die zweite Funktion kultureller Grenzen ist der ersten genau entgegengesetzt: Sie sorgen für Räume der Begegnung und Zonen der Berührung. In Grenzgebieten finden sich recht oft Mischkulturen ganz eigener Art. Auf dem Balkan beteten zum Beispiel in der frühen Neuzeit manche Christen in Moscheen, während Muslime gelegentlich christliche Kirchen besuchten. Während der Türkenkriege des 16. und 17. Jahrhunderts übernahmen Polen und Ungarn türkische Kampftechniken, zum Beispiel den Gebrauch des Krummsäbels, und sie waren es auch, die in Europa die bei den Ottomanen übliche leichte Kavallerie in Gestalt von Husarenregimentern einführten.

Epos und Ballade sind Gattungen, die in den Grenzregionen zwischen Christen und Muslimen in Spanien oder Osteuropa oder zwischen Engländern und Schotten zu besonderer Blüte gelangten. Oft besang man auf beiden Seiten dieselben Kämpfe mit denselben Protagonisten (Roland, Johnnie Armstrong oder Marko Kraljević), auch wenn Held und Bösewicht gelegentlich die Rollen tauschten. Kurz gesagt, Grenzen sind oft Stätten kultureller Begegnung.

Die Interpretation kultureller Begegnungen
Ein Grund, weshalb die Kulturgeschichte trotz möglicher Gegenreaktionen kaum verschwinden dürfte, liegt in der Bedeutung kultureller Begegnungen in unserer Zeit, die das Bedürfnis immer dringlicher werden lassen, ihren Verlauf und ihre Wirkungsweise in der Vergangenheit zu verstehen.

Der Ausdruck »kulturelle Begegnung« wurde eingeführt, um

---

28 T. F. Carter, »Islam as a Barrier to Printing«, *The Moslem World* 33 (1943), S. 213-216; Brinkley Messick, *The Calligraphic State: Textual Domination and History in a Muslim Society*, Berkeley 1993; Francis Robinson, »Islam and the Impact of Print in South Asia«, in: Nigel Crook (Hg.), *The Transmission of Knowledge in South Asia*, Delhi 1996, S. 62-97.

den ethnozentrischen Begriff der »Entdeckung« zu ersetzen, vor allem anläßlich der 500-Jahrfeier der Landung des Kolumbus in Amerika. Daran knüpfen sich auch Hoffnungen auf neue Perspektiven in der Geschichte, die neben der Sicht des Siegers auch die von dem mexikanischen Historiker Miguel León-Portilla so genannte »Sicht der Besiegten« einbeziehen.[29] Historiker haben zu rekonstruieren versucht, wie die Menschen in der Karibik Kolumbus, die Azteken Cortés oder die Hawaiianer Captain Cook wahrgenommen haben (wobei man sehr wohl berücksichtigt, daß verschiedene Hawaiianer, Männer und Frauen zum Beispiel oder Häuptlinge und einfache Leute, die Begegnung möglicherweise ganz verschieden wahrnahmen).

Die Frage nach Fehldeutungen ist für Studien dieser Art besonders wichtig geworden, auch wenn der Begriff »Fehldeutung« oft kritisiert wird, weil er unterstellt, es gebe eine korrekte Alternative. Statt seiner wird häufig der Begriff der »kulturellen Übersetzung« verwendet. Der Gedanke, wonach das Verständnis einer fremden Kultur dem Übersetzen ähnele, kam erstmals Mitte des 20. Jahrhunderts bei Anthropologen im Umkreis Edward Evans-Prichards auf. Heute interessieren sich Kulturhistoriker zunehmend für diesen Gedanken.

Besonders erhellend ist er in der Geschichte der Missionen. Als die Missionare aus Europa sich daran machten, die Bewohner anderer Kontinente zum Christentum zu bekehren, versuchten sie ihre Botschaft oft in einer Weise zu vermitteln, die mit der örtlichen Kultur in Einklang zu stehen schien. Anders gesagt, sie glaubten, das Christentum müsse übersetzt werden, und sie versuchten, lokale Äquivalente für Ideen wie »Erlöser«, »Dreifaltigkeit« oder »Mutter Gottes« zu finden.

Empfänger und Gebende waren gleichermaßen an dieser Übersetzung beteiligt. Man sagt, Einheimische in China, Japan,

29 Der französische Historiker Nathan Wachtel übernahm die Wendung für den Titel seiner wichtigen Studie über das koloniale Peru: *La vision des vaincus: les indiens du Pérou devant la conquête espagnole 1530-1570*, Paris 1971.

Mexiko, Peru, Afrika oder anderswo, die sich als einzelne oder als Gruppen von bestimmten Aspekten der westlichen Kultur angezogen fühlten, etwa von mechanischen Uhren oder von der Perspektive in der Kunst, hätten diese Aspekte »übersetzt«. Sie hätten sie an ihre eigenen Kulturen angepaßt, das heißt, sie aus einem Kontext herausgelöst und in einen anderen eingefügt. Da sie sich meist eher für die einzelnen Dinge als für die Strukturen interessierten, in die sie ursprünglich eingebettet waren, praktizierten sie ein Form von *bricolage*, ob nun buchstäblich wie im Falle der materiellen Kultur oder im übertragenen Sinne, wie es bei Ideen geschieht. Michel de Certeaus Idee der »Wiederverwendung« (siehe S. 114 f.) scheint hier besonders gut anwendbar.

Ein Beispiel von vielen stammt aus dem Afrika des 19. Jahrhunderts und ist in dem Buch der britischen Historikerin Gwyn Prins, *The Hidden Hippopotamus* (1980), beschrieben. Im Mittelpunkt des Buchs steht eine Begegnung, die 1886 zwischen dem aus Frankreich stammenden protestantischen Missionar François Coillard und König Lewanika von Bulosi stattfand. Coillard, Gründer der Sambesi-Mission, sah sich selbst als Bekehrer der »Heiden«, der einen neuen Glauben einführte. Auf dem Weg zum König bat man ihn, einen Meter Kattun als Geschenk mitzubringen, und er willigte ein, ohne zu erkennen, daß man nun denken würde, er bringe an einer königlichen Grabstätte ein Opfer dar. Dadurch wurde aus dem Missionar ein Häuptling, so daß König Lewanika ihn in sein lokales System integrieren konnte.

Ein alternatives Konzept, das in den letzten zwei Jahrzehnten einige Erfolge verzeichnen konnte, ist das des »kulturellen Hybridismus«. Beide Begriffe haben ihre jeweiligen Vor- und Nachteile.

Der Begriff der Übersetzung hat den Vorteil, daß er die Arbeit betont, die von einzelnen oder Gruppen geleistet werden muß, um das Fremde, die eingesetzten Strategien und Taktiken, zu domestizieren. Der Nachteil liegt darin, daß diese Domestizierung nicht immer bewußt erfolgt. Als der portugiesische »Entdecker« Vasco da Gama und seine Leute zum ersten Mal einen indischen Tempel betraten, glaubten sie in einer Kirche zu sein und »sahen« in den indischen Skulpturen Brahma Vishnus und Shivas Darstellungen der Heiligen Dreifaltigkeit. Sie benutzten ein Wahrnehmungsschema ihrer eigenen Kultur, um das Gesehene zu deuten, ohne zu erkennen, was sie da taten. Kann man von unbewußter Übersetzung sprechen?

Der Ausdruck »Hybridismus« läßt dagegen Raum für unbewußte Prozesse und unbeabsichtigte Folgen dieser Art. Die Schwäche des aus der Botanik übernommenen Begriffs liegt gerade dort, wo der rivalisierende Begriff seine Stärken hat. Er vermittelt allzu leicht den Eindruck eines glatt verlaufenden, »natürlichen« Prozesses und läßt die aktive menschliche Beteiligung gänzlich außer acht.

Ein drittes Modell für kulturellen Wandel stammt aus der Linguistik. Im Zeitalter kultureller Begegnungen interessieren die Linguisten sich zunehmend für einen Prozeß, den sie als »Kreolisierung« bezeichnen und bei dem zwei Sprachen zu einer dritten zusammenwachsen, die meist den größten Teil der Grammatik aus der einen, den größten Teil des Wortschatzes aus der anderen übernimmt. Kulturhistoriker erkennen zunehmend den Wert dieser Idee für die Analyse der Folgen kultureller Begegnungen auf dem Gebiet der Religion, der Musik, der Küche, der Kleidung oder sogar der Subkulturen im Bereich der Mikrophysik.[30]

30 Peter Galison, *Image and Logic: A Material Culture of Microphysics*, Chicago 1997; David Buisseret und Steven G. Reinhardt (Hg.), *Creolization in the Americas*, Arlington 2000.

Die Erzählung in der Kulturgeschichte

Begegnungen sind Ereignisse und geben daher Anlaß, über die mögliche Stellung des einst mit der altmodischen politischen Geschichte assoziierten Erzählens von Ereignissen in der Kulturgeschichte nachzudenken. Vor einer Generation beobachtete der Sozialhistoriker Lawrence Stone mit Bedauern eine »Wiederbelebung der Erzählung«. Die von ihm beschriebene Entwicklung könnte man jedoch genauer als Suche nach neuen Formen des Erzählens in Sozial- und Kulturgeschichte beschreiben.[31]

Die Geschichte ist paradox. Radikale Sozialhistoriker lehnten das Erzählen ab, weil sie es mit der Überbetonung der großen Taten großer Männer verbanden, bei der die Bedeutung einzelner Menschen in der Geschichte und insbesondere die Bedeutung politischer und militärischer Führer auf Kosten der einfachen Leute übertrieben würden. Doch das Erzählen ist zurückgekehrt, zusammen mit einem wachsenden Interesse an den einfachen Leuten und deren Verständnis ihrer Erfahrung, ihres Lebens und ihrer Welt.

In der Medizin etwa interessieren Ärzte sich heute stärker für die Geschichten, die Patienten über ihre Krankheit und deren Behandlung erzählen. Im Bereich des Rechts entwickelte sich in den Vereinigten Staaten während der 1980er Jahre eine Bewegung (*legal storytelling movement*), die darauf achtet, welche Geschichten Betroffene über ihre Erfahrungen mit der Justiz erzählen. Sie interessiert sich vor allem für traditionell benachteiligte Gruppen, für ethnische Minderheiten und Frauen, weil die von deren Mitgliedern erzählten Geschichten ein Rechtssystem in Frage stellen, das von weißen Juristen geschaffen wor-

---

31 Lawrence Stone, »The Revival of Narrative«, *Past and Present* 85 (1979), S. 3-24; Peter Burke, »History of Events and Revival of Narrative«, in: ders. (Hg.), *New Perspectives on Historical Writing*, 2. Ausg. Cambridge 2001, S. 283-300.

den ist, die dabei die Bedürfnisse anderer Gruppen nicht immer ausreichend berücksichtigten.

Das gegenwärtige Interesse von Historikern am Erzählen ist Teil eines Interesses an den für bestimmte Kulturen typischen Erzählpraktiken, den Geschichten, die man in diesen Kulturen »einander über sich selbst erzählt« (siehe S. 57). Diese »kulturellen Erzählungen« bieten wichtige Hinweise auf die Welt, in der sie erzählt wurden. Ein hochinteressantes und verstörendes Beispiel stammt aus Rußland, wo in der frühen Neuzeit der Mythos des gewaltsamen Todes des Zarensohns gleich vierfach vorkam in Gestalt der »Opferung Iwans durch seinen Vater Iwan den Schrecklichen, Dimitris durch Boris Godunow, Alexis' durch Peter den Großen und Iwans durch Katharina II.«.[32]

Das wachsende Interesse an der Erzählung ist zugleich auch selbst eine geschichtliche Kraft. Lynn Hunt untersuchte in ihrer Studie über die Französische Revolution die »Erzählstrukturen«, die der Rhetorik der Revolutionäre und der Darstellung des Übergangs vom *Ancien régime* zur neuen Ordnung als Komödie oder als Romanze zugrunde lagen.

In neueren Studien über den Antisemitismus im Mittelalter stellen Ronnie Hsia und Miri Rubin die wiederkehrenden Gerüchte über die Entweihung von Hostien und die rituelle Ermordung von Kindern durch Juden in den Mittelpunkt ihrer Untersuchung, die sich langsam zu einer kulturellen Erzählung, einem Diskurs oder einem Mythos verfestigten. Die Geschichten halfen den Christen bei der Definition ihrer Identität, doch sie bildeten auch einen »narrativen Angriff« auf die Juden, eine Form symbolischer Gewalt, die dann zu realer Gewalt in Gestalt

---

32 Alain Besançon, *Le Tsarévich immolé*, Paris 1967, S. 78; Sarah Maza, »Stories in History: Cultural Narratives in Recent Works in European History«, *American Historical Review* 101 (1996), S. 1493-1515; Karen Haltunen, »Cultural History and the Challenge of Narrativity«, in: Bonnell und Hunt (Hg.), *Beyond the Cultural Turn*, a. a. O., S. 165-181.

von Pogromen führte.[33] Geschichten über Hexen und deren Pakt mit dem Teufel ließen sich in ähnlicher Weise analysieren.

Judith Walkowitz, die sich mit einer späteren Zeit beschäftigt, spricht von den »narrativen Herausforderungen, welche die neue Agenda der Kulturgeschichte bereithält«. In ihrem Buch *City of Dreadful Delight* (1992) betrachtet sie das spätviktorianische London durch die Brille zeitgenössischer Geschichten und Berichte, die von Artikeln über Kinderprostitution wie »Das Mädchenopfer des modernen Babylon« bis hin zu Berichten über die von »Jack the Ripper« begangenen Morde reichen. Diese »Geschichten sexueller Gefahr« trugen zur Entstehung eines Bildes bei, das London als »dunkles, mächtiges und verführerisches Labyrinth« darstellte. Die Geschichten stammten aus einem kulturellen Repertoire, beeinflußten umgekehrt aber auch die Wahrnehmung ihrer Leser.

In seinem Buch *Islands of History* (1985 – *Inseln der Geschichte*) verweist der Anthropologe Marshall Sahlins auf die große Bedeutung von Zeichen für das Handeln der Menschen und überträgt dabei die von Kuhn übernommene Idee eines durch neue Entdeckungen in Frage gestellten wissenschaftlichen Paradigmas (siehe S. 75) auf eine kulturelle Ordnung, die durch eine Begegnung mit Fremden in Frage gestellt wird, in diesem Fall der Hawaiianer mit Captain Cook und seinen Leuten, die auf der Insel eintrafen. Er zeigt, daß die Hawaiianer versuchten, Cook in ihre überlieferten Geschichten vom jährlichen Erscheinen des Gottes Lono einzubauen, wobei sie Diskrepanzen zwischen den Geschichten und dem Ereignis behoben, indem sie die Geschichten anpaßten.

Eine wichtige Folgerung aus Sahlins' Aufsatz ist die Feststellung, daß es möglich ist, Kulturgeschichte ihrerseits in narrativer Form zu schreiben, wenn auch ganz anders als in den statischen »Porträts« eines Zeitalters, die Burckhardt und Huizinga

33 Ronnie Hsia, *The Myth of Ritual Murder*, New Haven 1988; Miri Rubin, *Gentile Tales*, New Haven 1999.

einst zeichneten. Es kommt darauf an, der Erzählung weder die Struktur der triumphalen Fortschrittsgeschichte zu geben, wie wir sie in herkömmlichen Lehrbüchern über die »westliche Zivilisation« finden, noch die tragische oder nostalgische Struktur der Geschichte eines endlosen Verlustes.

So könnte man etwa die Bürgerkriege des 17. Jahrhunderts in England und des 19. Jahrhunderts in den USA als kulturelle Konflikte analysieren. Und den Spanischen Bürgerkrieg könnte man auf diese Weise als faszinierend narrative Geschichte einer Reihe von Zusammenstößen zwischen Regional- und Klassenkulturen wie auch als Konflikt zwischen gegensätzlichen politischen Idealen darstellen. Durch komplexe Erzählungen, die eine Vielzahl unterschiedlicher Standpunkte zum Ausdruck bringen, könnte man Konflikte verständlich machen und zugleich dem oben beschriebenen Hang zur Fragmentierung widerstehen.

Das Beispiel Chinas in den 1960er Jahren veranlaßte einige Historiker, über andere »Kulturrevolutionen« der Vergangenheit nachzudenken, etwa über das Frankreich des Jahres 1789 mit seiner neuen politischen Kultur (siehe S. 152) und den Versuch des Regimes, die hierarchische Kleiderordnung des *Ancien régime* durch eine neue, gleichförmige und daher egalitäre Kleidung zu ersetzen. Auf sprachlicher Ebene unternahm man zugleich den Versuch, die lokalen Dialekte durch das Französische zu ersetzen, »um die Bürger zu einer nationalen Masse zu verschmelzen«.

Auch andere Revolutionen verdienen es, aus dieser Perspektive einer neuen Prüfung unterzogen zu werden. So wurden im Verlaufe der puritanischen Revolution Theater geschlossen, und an manchen Orten führte man eine neue Praxis der Namensgebung ein, bei der Vornamen wie »Praise-God« die Treue der Eltern zu den neuen religiösen Idealen zum Ausdruck bringen sollten. Zur bolschewikischen Revolution gehörte auch eine »Zivilisierungskampagne«. Leo Trotzki etwa sorgte sich um eine »kultivierte Sprache«. Er ging gegen das Fluchen vor und verlangte von den Offizieren der Armee, bei der Anrede statt des Du (*Ty*) das höfliche Sie (*Vy*) zu benutzen. Besondere Propagandazüge brachten revolutionäre Filme, Bücher und Lieder zu den einfachen Leuten in ganz Rußland.[34]

Eine Kulturgeschichte der Revolutionen darf nicht davon ausgehen, daß durch diese Ereignisse alles neu würde. Wie oben angemerkt, können scheinbare Innovationen den tatsächlichen Fortbestand von Traditionen verdecken. In den Geschichten sollte auch Platz für überlebende Kulturelemente oder auch für die »Wiederkehr des Verdrängten« sein, wie es sich 1660 in England zeigte, als nach der Restauration der Monarchie auch die Theater wieder eröffnet wurden. Und es sollte auch Platz für Wiederholungen sein. Die Anführer von Revolutionen hatten oft die Vorstellung, eine frühere Revolution zu wiederholen. Die Bolschewiken dachten dabei an die Französische Revolution, die Revolutionäre in Frankreich an die Englische Revolution. Und die Engländer wiederum meinten, die Ereignisse während der französischen Religionskriege des 16. Jahrhunderts zu wiederholen. Die von Kulturhistorikern geschriebenen Erzählungen müssen diesen Vorstellungen Rechnung tragen, ohne sie allerdings unkritisch wiederzugeben.

Wiederholungen beschränken sich nicht auf Revolutionen. In der christlichen Kultur glaubten manche Menschen zuweilen, das Leiden Christi zu wiederholen, von Thomas Becket in den Tagen vor seiner Ermordung in der Kathedrale von Canterbury bis hin zu Patrick Pearse, der aus dem Postamt in Dublin 1916 den Widerstand gegen die Briten organisierte.

Und in Sri Lanka meinen heute manche Singhalesen, die zentralen religiösen Geschichten ihrer Kultur zu wiederholen, und weisen den Tamilen dabei die Rolle der Dämonen zu. Das von Hayden White so genannte *emplotment* findet sich nicht nur in

34 Peter Kenez, *Birth of the Propaganda State: Soviet Methods of Mass Mobilization*, 1917-1929, Cambridge 1985.

den Werken von Historikern, sondern auch in den Bemühungen gewöhnlicher Menschen, ihre Welt zu verstehen. Hier zeigt sich wieder einmal die Bedeutung der Kultur- oder Wahrnehmungsschemata, doch in diesem Fall prägen die Schemata eine Erzählung, einen »narrativen Angriff« mit ähnlich destruktiven Folgen wie denen des Angriffs auf die Juden. Eine Geschichte Sri Lankas, ob Kulturgeschichte oder politische Geschichte, muß auch dieser Erzählung einen Platz einräumen und natürlich auch der tamilischen Gegenerzählung. In einem Zeitalter ethnischer Konflikte ist es recht wahrscheinlich, daß wir häufiger auf Geschichten dieser Art treffen werden.

Schluß

Ein »Schluß« im präzisen Sinne des Wortes wäre für ein Buch wie dieses ganz unangebracht. Die Neue Kulturgeschichte mag ans Ende ihres Lebenszyklus gelangt sein, doch die Geschichte der Kulturgeschichte geht weiter. Auf manchen Gebieten wie der Kulturgeschichte der Sprache stehen wir erst am Anfang. Wichtige Probleme sind immer noch ungelöst. Zumindest sind sie nicht zur Zufriedenheit aller gelöst worden. Und neue Probleme tun sich auf. Deshalb kann hier nicht von einem förmlichen Schluß die Rede sein. Ich kann lediglich einige persönliche Ansichten äußern, die wahrscheinlich nicht von allen meinen Kollegen geteilt werden.

In der letzten Generation war die Kulturgeschichte – in den verschiedenen Bedeutungen des Wortes, die ich oben dargelegt habe – Schauplatz einiger der aufregendsten und aufschlußreichsten Diskussionen über die Methoden der Geschichtswissenschaft. Zugleich erweiterten die Kultur- wie auch die Sozialhistoriker den Gegenstandsbereich der Geschichtswissenschaft und machten die Geschichte einem breiteren Publikum zugänglich.

Dennoch behaupte ich hier nicht und glaube auch nicht, daß die Kulturgeschichte die beste Form von Geschichte sei. Sie ist schlicht ein notwendiger Bestandteil des kollektiven geschichtswissenschaftlichen Unternehmens. Wie ihre Nachbardisziplinen – Wirtschaftsgeschichte, politische Geschichte, Geistesgeschichte, Sozialgeschichte usw. – leistet die Kulturgeschichte einen unverzichtbaren Beitrag zum Verständnis der Geschichte als ganzer, also der »Gesamtgeschichte«, wie die Franzosen zu sagen pflegen.

Das modische Interesse an der Kulturgeschichte war für Praktiker wie mich selbst eine angenehme Erfahrung, aber wir wissen natürlich, daß Moden in der Geschichte nicht lange anhalten. Früher oder später wird es eine Gegenreaktion, eine Gegenbewegung gegen »Kultur« geben. Wenn es soweit ist, werden wir alles tun müssen, um sicherzustellen, daß der historische Erkenntnisgewinn der letzten Zeit – das Ergebnis der als »kulturelle Wende« bezeichneten Hinwendung zur Kultur – nicht verlorengeht. Historiker und vor allem empiristische oder »positivistische« Historiker litten früher unter der Krankheit der Buchstabengläubigkeit. Viele von ihnen hatten keinen Sinn für Symbole. Viele von ihnen behandelten Dokumente als durchsichtige Quellen und achteten kaum auf deren Rhetorik. Viele von ihnen taten menschliche Aktivitäten wie das Segnen mit zwei oder drei Fingern (siehe S. 107) als »bloße« Rituale, als »bloße« Symbole, als unwichtige Dinge ab.[35] In der letzten Generation haben Kulturhistoriker und Kulturanthropologen die Schwächen dieses positivistischen Ansatzes aufgezeigt. Welchen Weg die Geschichtswissenschaft in Zukunft auch einschlagen mag, eine Rückkehr zu dieser Buchstabengläubigkeit sollte es nicht geben.

35 Peter Burke, »The Repudiation of Ritual in Early Modern Europe«, in: ders., *Historical Anthropology*, a. a. O.; dt.: »Die Ablehnung des Rituals in Europa am Beginn der Neuzeit«, in: ders., *Städtische Kultur*, a. a. O., S. 186-200; ders., »The Rise of Literal-Mindedness«, *Common Knowledge* 2, 2 (1993), S. 108-121.

Ausgewählte Werke zur Kulturgeschichte, 1860-2003: Eine chronologische Liste

Unnötig, zu sagen, daß es sich hierbei um meine Auswahl handelt.

1860	Burckhardt, *Kultur der Renaissance in Italien*
1894	Troels-Lund, *Om kulturhistorie*
1897	Lamprecht, »Was ist Kulturgeschichte?«
1904	Weber, *Protestantische Ethik*
1919	Huizinga, *Herfsttij der Middeleeuwen*
1927	Beard und Beard, *Rise of American Civilization*
1932	Dawson, *Making of Europe*
1932	Warburg, *Die Erneuerung der heidnischen Antike*
1933	Freyre, *Casa Grande e Senzala*
1934	Willey, *Seventeenth-Century Background*
1936	Young, *Victorian England*
1939	Elias, *Über den Prozeß der Zivilisation*
1942	Febvre, *Problème de l'incroyance*
1947	Klingender, *Art and the Industrial Revolution*
1948	Castro, *España en su historia*
1948	Curtius, *Europäisches Mittelalter und lateinisches Mittelalter*
1948	Giedion, *Mechanization Takes Command*
1951	Panofsky, *Gothic Architecture and Scholasticism*
1954	Needham, *Science and Civilization in China*
1958	Williams, *Culture and Society*
1959	Hobsbawm, *Jazz Scene*
1959	León-Portilla, *Visión de los vencidos*
1959	Smith, *European Vision and the South Pacific*
1960	Lord, *Singer of Tales*
1963	Thompson, *Making of the English Working Class*

1965   Bachtin, *Tvorchestvo Fransua Rable*

1965   Dodds, *Pagan and Christian in an Age of Anxiety*

1967   Braudel, *Civilisation matérielle et capitalisme*

1971   Thomas, *Religion and the Decline of Magic*

1971   Wachtel, *La Vision des vaincus*

1972   Baxandall, *Painting and Experience in Fifteenth-Century Italy*

1972   Burke, *Culture and Society in Renaissance Italy*

1973-1977   Zeldin, *France 1848-1945*

1973   White, *Metahistory*

1975   Certeau, *Une politique de la langage*

1975   Davis, *Society and Culture in Early Modern France*

1975   Foucault, *Surveiller et punir*

1975   Le Roy Ladurie, *Montaillou*

1976   Ginzburg, *Il formaggio e i vermi*

1978   Burke, *Popular Culture in Early Modern Europe*

1978   Duby, *Les Trois Ordres*

1978   Said, *Orientalism*

1978   Skinner, *Foundations of Modern Political Thought*

1979   Frykman und Löfgren, *Kultiverade människan*

1979   Lyons, *Culture and Anarchy in Ireland*

1979   Schorske, *Fin-de-Siècle Vienna*

1980   Brown und Elliott, *A Palace for a King*

1980   Greenblatt, *Renaissance Self-Fashioning*

1981   Gurevic, *Problemy srvednovekovoi narodnoi*

1981   Le Goff, *Naissance du Purgatoire*

1981   Wiener, *English Culture and the Decline of the Industrial Spirit*

1982   Corbin, *Le miasme et la jonquille*

1982   Isaac, *Transformation of Virginia*

1982   Wyatt-Brown, *Southern Honor*

1983   Anderson, *Imagined Communities*

1983   Hobsbawm und Ranger (Hg.), *Invention of Tradition*

1984   Darnton, *Great Cat Massacre*

1984   Gay, *Bourgeois Experience*
1984   Hunt, *Politics, Culture and Class in the French Revolution*
1984-1993   Nora (Hg.), *Lieux de Mémoire*
1985   Jouhaud, *Mazarinades*
1985   Mintz, *Sweetness and Power*
1985   Sahlins, *Islands of History*
1986   McKenzie, *Bibliography and the Sociology of Texts*
1987   Bynum, *Holy Feast and Holy Fast*
1987   Campbell, *Romantic Ethic and Spirit of Consumerism*
1987   Davis, *Fiction in the Archives*
1987   Schama, *Embarrassment of the Riches*
1987   Schön, *Verlust der Sinnlichkeit*
1988   Briggs, *Victorian Things*
1988   Brown, *Body and Society*
1988   Chartier, *Cultural History*
1988   Greenblatt, *Shakespearian Negotiations*
1988   Gruzinski, *La colonisation de l'imaginaire*
1988   Guha und Spivak (Hg.), *Selected Subaltern Studies*
1988   Mitchell, *Colonising Egypt*
1989   Fischer, *Albion's Seed*
1989   Freedberg, *Power of Images*
1989   Hunt (Hg.), *New Cultural History*
1989   Roche, *Culture des apparences*
1990   Crouzet, *Guerriers de Dieu*
1990   Porter, *Mind-Forg'd Manacles*
1990   Winkler, *Constraints of Desire*
1991   Clunas, *Superflous Things*
1992   Burke, *Fabrication of Louis XIV*
1992   Walkowitz, *City of Dreadful Delight*
1993   Bartlett, *Making of Europe*
1993   Brewer und Porter (Hg.), *Consumption and the World of Goods*
1994   Corbin, *Les cloches de la terre*
1994   Schmitt, *Histoire des revenants*

1994   Shapin, *Social History of Truth*

1994   Stearns und Stearns, *American Cool*

1995   Wortman, *Scenarios of Power*

1996   Fujitani, *Splendid Monarchy*

1997   Brewer, *Pleasures of the Imagination*

1999   Hunt und Bonnell (Hg.), *Beyond the Cultural Turn*

1999   Rubin, *Gentile Tales*

2000   Bellesisles, *Arming America*

2000   Burke, *Social History of Knowledge*

2000   St George (Hg.), *Possible Pasts*

2001   Reddy, *Navigation of Feeling*

2003   Clark (Hg.), *Culture Wars*

Zur weiteren Lektüre

Zum Begriff der Kultur und zur Geschichte der Kulturgeschichte vergleiche Raymond Williams, *Culture and Society*, London 1958 (dt.: *Gesellschaftstheorie als Begriffsgeschichte. Studien zur historischen Semantik von Kultur*, München 1972) mit Peter Burke, *Varieties of Cultural History*, Cambridge 1997 (dt.: *Eleganz und Haltung. Die Vielfalt der Kulturgeschichte*, Berlin 1998) und Adam Kuper, *Culture: the Anthropologist's Account*, Cambridge (Ma.) 1999.

Zu den einzelnen in diesem Buch angesprochenen Themen sollten die im Text und in den Fußnoten genannten Werke zur weiteren Lektüre herangezogen werden.

Die folgenden vierzehn Titel bilden eine kleine Auswahl erstklassiger Arbeiten, die seit den 1980er Jahren erschienen sind und räumlich, zeitlich wie auch thematisch ein breites Spektrum abdecken.

Keith Baker, *Inventing the French Revolution*, Cambridge 1990. Eine Sammlung ausgezeichneter Aufsätze im Stil der Neuen Kulturgeschichte.

Robert Bartlett, *The Making of Europe: Conquest, Colonization and Cultural Change, 950-1350*, London 1993. Eine ambitionierte und originelle Studie über die kulturellen Folgen der Expansion Europas.

Hans Belting, *Bild und Kult. Eine Geschichte des Bildes vor dem Zeitalter der Kunst*, Leipzig 1990. Ein Kunsthistoriker historisiert den Begriff der Kunst.

John Brewer, *The Pleasures of the Imagination: English Culture in the Eighteenth Century*, London 1997. Eine scharfsinnige Sozialgeschichte der englischen Kultur im Zeitalter ihrer ersten Kommerzialisierung.

Peter Brown, *The Body and Society: Men, Women and Sexual Renunciation in Early Christianity*, London 1988; dt.: *Die Keuschheit der Engel. Sexuelle Entsagung, Askese und Körperlichkeit im frühen Christentum*, München 1991. Äußerst originelle Studie eines der besten Kenner der Spätantike.

Roger Chartier, *Cultural History between Practices and Representations*, Cambridge 1988; dt. siehe: *Die unvollendete Vergangenheit. Geschichte und die Macht der Weltauslegung*, Berlin 1989. Acht Aufsätze über das Frankreich der frühen Neuzeit zur Illustration wichtiger Probleme der Kulturgeschichte.

Alain Corbin, *Le miasme et la jonquille*, Paris 1982; dt.: *Pesthauch und Blütenduft. Eine Geschichte des Geruchs*, Berlin 1984. Das Buch, mit dem der Geruch auf der Landkarte der Geschichtswissenschaft erschien.

Thomas Crow, *Painters and Public Life in Eighteenth-Century Paris*, Princeton 1985. Eine politische Geschichte der Malerei, die sich auf Habermas und die Idee der Öffentlichkeit stützt.

Carlo Ginzburg, *Spurensicherung. Über verborgene Geschichte, Kunst und soziales Gedächtnis*, Berlin 1983. Aufsatzsammlung einschließlich des berühmten Aufsatzes über historische Beweise als Serie von Spuren.

Carol Gluck, *Japan's Modern Myth: Ideology in the Late Meiji Period*, Princeton 1985. Exemplarische Studie über die kulturellen Folgen der Verwestlichung und Modernisierung.

Serge Gruzinski, *Conquest of Mexico: The Incorporation of Indian Societies into the Western World* (1988), engl. Übers. Cambridge 1993. Schöne Studie über kulturelle Begegnungen und soziale Einbildungskraft.

Gábor Klaniczay, *The Uses of Supernational Power*, Cambridge 1990. Zehn Aufsätze über mitteleuropäische Geschichte, von Heiligen bis zu Schamanen und von Bärten bis zum Gelächter. (Teilausgabe dt.: *Heilige, Hexen, Vampire. Vom Nutzen des Übernatürlichen*, Berlin 1991.)

Steven Shapin, *A Social History of Truth; Civility and Science in Seventeenth-Century England,* Chicago 1994. Überzeugende Kombination sozial- und kulturhistorischer Ansätze in der Wissenschaftsgeschichte.

Jay Winter, *Sites of Memory, Sites of Mourning: The Great War in European Cultural History,* Cambridge 1995. Zeigt, wie die Erfahrung des Krieges in die Kulturgeschichte eingebracht werden kann.

Danksagung

Ich forsche und lehre seit so vielen Jahren auf dem Gebiet der Kulturgeschichte, daß ich mich kaum daran erinnern kann, wem ich hilfreiche Kommentare verdanke oder wer mir provozierende Fragen stellte, aber ich weiß, daß ich viel aus den Gesprächen mit einer Reihe von Historikern, die in diesem Buch genannt sind, und ihren Werken gelernt habe, darunter Keith Thomas in Oxford, Daniel Roche, Roger Chartier und Denis Crouzet in Paris, Natalie Davis und Robert Darnton in Princeton und ein Kreis holländischer Historiker, zu dem Anton Blok, Jan Bremmer, Rudolf Dekker, Florike Egmond und Herman Roodenburg gehören. Vor allem zur Geschichte des Gedächtnisses habe ich viel von Aleida und Jan Assmann und Jay Winter gelernt. Diskussionen mit Patrick Chabal zu der Zeit, als er sein Buch über den kulturellen Ansatz in der Politik, *Culture Troubles*, schrieb, halfen mir, meine eigenen Vorstellungen zu klären und mich über die Entwicklungen in einer Nachbardisziplin zu informieren. Auch Kommentare namenloser Leser zur ersten und zur vorletzten Fassung dieses Buches waren sehr nützlich für mich.

Besonderen Dank schulde ich meiner Frau, der Kulturhistorikerin Maria Lúcia Pallares-Burke. Ich begegnete ihr zum ersten Mal, als sie mich einlud, einen Vortrag über die »sogenannte neue Geschichte« an der Universität São Paulo zu halten. Wir haben oft über Kulturgeschichte miteinander diskutiert, vor allem als sie an ihrem Gesprächsband *The New History: Confessions and Conversations* arbeitete. Sie hat auch das Manuskript dieses Buches gelesen und wie immer unverzichtbare Verbesserungsvorschläge gemacht. Dieses Buch ist das ihre.

Register

Afrika 53f., 143, 120
Alltagsleben 90, 115f.
Amin, Shahid, indischer Historiker 153f.
Amselle, Jean-Loup, französischer Anthropologe 143
Anderson, Benedict, britischer Politologe 94, 122f.
Aneignung (Übernahme kultureller Inhalte) 116
Annales, Historikerschule 11
Antal, Frederick (1887-1954), ungarischer Kunsthistoriker 28
Anthropologie 45-74
Archäologie (bei Foucault; Erforschung von Tiefenprozessen) 82
Arnold, Matthew (1822-1888), englischer Dichter und Kritiker 14
Austin, John L. (1911-1960), englischer Philosoph 133f.

Bachtin, Michail M. (1895-1975), russischer Kulturtheoretiker 78f., 108, 158
Baker, Keith M., amerikanischer Historiker 152, 157
Bartlett, Frederic C. (1886-1969), englischer Psychologe 98
Baxandall, Michael, englischer Kunsthistoriker 65
Beard, Charles A. (1874-1948), amerikanischer Historiker 24-27
Beard, Mary Ritter (1876-1958), amerikanische Historikerin 24-27
Berger, John, englischer Kunstkritiker 29
Biagioli, Mario, amerikanischer Wissenschaftshistoriker 65f.
bikulturell (fähig, zwischen zwei Kulturen zu wechseln) 44, 141
Blick 87, 127
Bloch, Ernst (1885-1977), deutscher Philosoph 38
Bloch, Marc (1886-1944), französischer Historiker 11, 109, 151
Blok, Anton, holländischer Anthropologe 80, 156f.